融合型·新形态教材
复旦学前云平台 fudanxueqian.com

教育类双元育人教材
幼儿保育专业系列教材

U0710715

幼儿园安全防护与应急处理

YOUERYUAN ANQUAN FANGHU YU YINGJI CHULI

主　编：孙婧婧　李兴灿

副主编：蔡燕飞　王　敏　吴光文　张　静　李　霞

参　编：王　盈　范江兰　马　林　范丽娜　冉茂银

卢鸿燕　黎世春　陈小红　张　娜　廖玉梅

复旦大学出版社

本书编委会

主　任：邱孝述　徐　宇

副主任：罗统碧　秦小滨　秦忠信　叶茂林　胡晓彤　陈久帮

　　　　蒋　涛　吴友峰　肖　彬　陈大鉴　徐诗学　刘　静

委　员：冉　伟　王孝强　陈小红　王文森　冉　炅　吴光文

　　　　何　巍　张潇月　王　琳　孙　琳　刘　娟　王　昭

　　　　邱　涛　吴德林　魏仁维　周洪霞　姚明东　李　琼

内容简介

本教材是职业教育活页式教材，基于项目教学、理实一体、工学结合的职业教育理念编写。全书共4个项目，包括"幼儿园一日生活中的安全防护""幼儿园室内、户外、外出活动中的安全防护""幼儿意外伤害的应急处理""幼儿园重大事件的应急处理"。

本教材编写团队梳理并分析了幼儿园保教人员在实际岗位中的安全防护与应急处理的典型工作任务，将4个项目分为18个任务，每一个任务以工作计划、获取信息、学习支持、任务实施、评价反馈五大教学步骤为主线。其中"获取信息"部分既是学生学习引导材料，也是教师教学引导材料。"学习支持"中为学生提供完成任务实施所需要获取的知识内容、参考的资源信息等材料，是供学生自主学习，供教师教学的资源。每个任务的评价反馈后都附有二维码，通过手机扫描即可获得更多资源。二维码中的资源可以有两个方面的用处，一是提供学生完成工作任务所需的学习材料，二是可以帮助学生对任务实施完成的情况进行评价和优化。本教材还配有教学大纲、PPT课件，以辅助教师教学使用。

本教材使用对象为中职教育类幼儿保育专业学生，建议使用阶段在中职二年级，也可以作为高职教育类学前教育专业学生的辅修教材进行使用。

复旦学前云平台
使用说明

为提高教学服务水平，促进课程立体化建设，复旦大学出版社学前教育分社建设了"复旦学前云平台"，以为师生提供丰富的课程配套资源，可通过"电脑端"和"手机端"查看、获取。

🖥 【电脑端】

电脑端资源包括 PPT 课件、电子教案、习题答案、课程大纲、音频、视频等内容。可登录"复旦学前云平台"www.fudanxueqian.com 浏览、下载。

Step 1　登录网站"复旦学前云平台"www.fudanxueqian.com，点击右上角"登录 / 注册"，使用手机号注册。

Step 2　在"搜索"栏输入相关书名，找到该书，点击进入。

Step 3　点击【配套资源】中的"下载"（首次使用需输入教师信息），即可下载。音频、视频内容可通过搜索该书【视听包】在线浏览。

PPT 课件、音视频、阅读材料：用微信扫描书中二维码即可浏览。

扫码浏览 ➡️

📖 【更多相关资源】

更多资源，如专家文章、活动设计案例、绘本阅读、环境创设、图书信息等，可关注"幼师宝"微信公众号，搜索、查阅。

平台技术支持热线：029-68518879。

"幼师宝"微信公众号

✏️ 【本书配套资源说明】

1. 刮开书后封底二维码的遮盖涂层。

2. 使用手机微信扫描二维码，根据提示注册登录后，完成本书配套在线资源激活。

3. 本书配套的资源可以在手机端使用，也可以在电脑端用刮码激活时绑定的手机号登录使用。

4. 如您的身份是教师，需要对学生使用本书的配套资料情况进行后台数据查看、监督学生学习情况，我们提供配套教师端服务，有需要的老师请登录复旦学前云平台官方网址：www.fudanxueqian.com，进入"教师监控端申请入口"提交相关资料后申请开通。

前　言

2021年全国职业教育大会上，习近平总书记作出重要指示，"要增强职业教育适应性，加快构建现代职业教育体系"。职业教育研究人员普遍认为，构建现代职业教育体系主要力量在职业院校，建好职业院校的主要抓手在专业建设，而做好优质专业建设的内生动力在"三教"改革。

本教材编写团队在深入学习"三教"改革系列文献的基础上，以"活页式教材"开发为突破口，以"岗课赛证"融通设计教材内容，采用项目式教学法，积极应对职业院校教育类专业的变革和转型。在深入幼儿园进行调研和访谈的基础上，教材编写团队进行了"典型工作任务"分析，挖掘出幼儿园保教人员在"幼儿园安全防护与应急处理"中的岗位职责和能力要求，结合职业学校学生学习与认知特点，转化为教材内容。

本教材使用对象为中职教育类幼儿保育专业学生，也可以作为高职教育类学前教育专业学生的辅修教材。本教材强调德技双修，注重师生互动、生生互动，强化参与、体验和分享，配套有微课视频，能够多角度帮助学生理解和掌握幼儿园安全防护与应急处理的专业技能，同时提供对应的理论支持。

本教材在编写中得到了行业专家、幼儿园教师、家长、职业院校师生的积极参与和大力支持，他们为教材的开发提出了许多宝贵意见，在此一并表示诚挚的谢意！尤其感谢重庆市上江城大地幼儿园张娜园长、廖玉梅主任的大力支持。本教材是在"活页式教材"开发理念下的创新性教材，鉴于编写人员水平有限，内容难免存在疏漏，恳请各位读者提出宝贵意见，以便不断修订完善，我们将不胜感激！

编　者

二〇二一年八月

教材编写说明

本教材是职业教育活页式教材,重在体现先进职业教育课程开发理念,是职业教育教学材料的重要变革。开发活页式教材的过程中,团队成员重视系统知识的梳理,关注教法与学法的改革。本教材的编写说明如下:

一、编写背景

本教材由重庆市学前教育集团牵头协同部分成员单位共同完成,是集团深化产教融合、校企合作,推动"三教"改革,促进人才培养质量提升的重要成果。本教材编写人员包括中职学校幼儿保育专业教师、幼儿园骨干教师,是校企双方经过深度研讨,基于保教人员岗位需求而开发的理实一体化教材。

二、具体分工

本教材是所有参编人员集体智慧的结晶。具体分工如下:本教材主编孙婧婧、李兴灿负责整书的模块设计、样章设计、审稿校稿工作。副主编蔡燕飞、王敏协助主编负责统稿、校稿工作。副主编吴光文、张静、李霞负责本书相关资源的组织审核工作。项目一中,任务一和任务八由范江兰编写,任务二和任务四由王盈编写,任务三、六、七由蔡燕飞编写,任务五由孙婧婧编写。项目二中,任务一由李兴灿编写,任务二和任务三由马林编写。项目三中,任务一和任务三由范丽娜编写,任务二和任务四由冉茂银编写。项目四由王敏编写。其余参编人员卢鸿燕、黎世春、陈小红提供本教材案例资源及相关素材,张娜、廖玉梅负责提供本教材中的图片资源。

目 录

项目一　幼儿园一日生活中的安全防护

　　幼儿在园的一日生活作为实践活动之一,有利于促进幼儿个性、认知能力的发展,也有利于促进其社会交往能力的发展。《幼儿园教育指导纲要(试行)》中明确提出:幼儿园必须把保护幼儿的生命和促进幼儿的健康放在工作的首位。幼儿在园安全是一切活动的前提和基础,只有在幼儿生命安全的基础上才能保证其身心健康发展。

　　保教人员依据幼儿的年龄特点和个体特征,在一日生活的各个环节对幼儿进行安全教育,逐步增强他们的安全意识,明确一日生活各环节的安全常规要求,并按照各环节的具体要求组织实施,确保幼儿在入园、离园时不走失或被冒领,盥洗室没有安全隐患,进餐环节有条不紊,午睡时教师随时巡视观察等,保证幼儿每天开心到园、安全离园。

学习目标

知识目标

1. 熟悉幼儿园一日生活各环节的工作内容。
2. 认识幼儿园一日生活各环节的环境。
3. 了解幼儿园一日生活各环节的开展过程。

能力目标

1. 发现幼儿园一日生活各环节存在的安全隐患。
2. 能分析幼儿园一日生活各环节中安全隐患的原因。
3. 能在幼儿园一日生活各环节中,运用安全防护措施,对幼儿进行安全防护。
4. 能通过探究学习的方式,结合岗位实际,初步制订幼儿园一日生活各环节安全防护方案。
5. 能自主查阅资料解决问题,并能与小组成员分工合作,共同完成任务。

素养目标

1. 在幼儿园一日生活各环节的活动中,具备安全防护意识。
2. 有在幼儿园一日生活各环节中培养幼儿安全行为习惯的职业意识。

任务 1 入园的安全防护

《3—6岁儿童学习与发展指南》指出,幼儿的学习是以直接经验为基础,在游戏和日常生活中进行的。要珍视游戏和日常生活的独特价值,创设丰富的教育环境,合理安排一日生活,最大限度地支持和满足幼儿直接感知、实际操作和亲身体验获取经验的需要。

入园环节是幼儿园一日生活中十分重要的环节,不仅是幼儿一日生活的开始,也是家园联系的一个重要窗口,一般来说包含以下两个主要环节:晨检和晨间活动。在入园过程中,需要对每个入园幼儿进行健康安全检查,观察其身体和情绪的状况,并做好晨间锻炼的准备。

为何看似简单又短暂的入园环节却又隐藏着危险,甚至直接影响幼儿的健康和安全?在实践中如何把好入园关,将危险拒之门外,为幼儿的一日生活提供安全的前提和保障,让幼儿安全、愉快入园?希望大家能在这一任务的学习后解开谜题。

学习情境

星期一早上,豆豆来园时身上别了一朵漂亮的小胸花,老师没有发现。区域活动时,豆豆突然放声大哭,举着流血的手来找老师。老师将豆豆带到医务室,医生为豆豆处理了伤口。老师在安慰豆豆的过程中,才知道豆豆是在区域活动中,偷偷将胸针取下来玩,一不小心,手指被胸针扎出了血。

学习目标

知识目标

1. 熟悉入园环节的工作内容及具体操作。
2. 认识入园环节的环境。
3. 了解入园环节的开展过程。

能力目标

1. 能发现入园环节中存在的安全隐患。
2. 能分析入园环节存在安全隐患的原因。
3. 能运用入园环节的安全防护措施对幼儿进行安全防护。
4. 能通过探究学习的方式,结合岗位实际情况初步制订幼儿入园环节安全防护方案。
5. 能通过自主查阅资料解决问题,并能与小组成员合作分工,共同完成任务。

素养目标

1. 在入园环节中具备安全防护意识。
2. 在入园环节中具备培养幼儿安全行为习惯的职业意识。

任务书

幼儿安全入园离不开保教人员对幼儿入园安全防护的重视,请你结合所学知识和岗位工作实际情况,制订入园环节安全防护方案,以减少幼儿在入园时的安全问题,把好入园关。

要求

1. 方案要符合幼儿园实际工作情况。
2. 方案要有可操作性,描述要具体。
3. 方案可有效地避免幼儿在入园环节发生安全事故。

工作计划

想一想,你打算采用什么方法,通过哪些途径,获取哪些方面的知识内容?请你与小组成员协商并制订自己的计划,填入表 1-1-1,以便更好地制订方案。

表 1-1-1　工作计划表

我需要获取哪方面的知识内容	如何获取	完成时间

小提示

完成工作计划,可以阅读本教材中的"学习支持"来获取知识,也可以查阅网络资源,或者请教老师及行业导师,当然,你也可以用其他方法和途径。

获取信息

☆ **引导问题 1**　请你采访身边熟悉的幼儿园保教人员,了解组织幼儿入园需要做哪些工作,每项工作的具体操作是什么,或结合你的见习经历完成表 1 - 1 - 2。你也可以查阅相关资料获取更多信息。

表 1 - 1 - 2　信息获取表

幼儿入园环节工作内容	具体操作

☆ **引导问题 2**　结合引导问题 1,联系所学知识及个人生活经验,认真思考入园环节的每一项工作内容及具体操作。想一想,每一项工作内容存在哪些安全隐患? 试着完成表 1-1-3。

表 1-1-3　信息获取表

工作内容	安全隐患	我的理由

☆ **引导问题3**　仔细观察入园环节的场景,见图 1-1-1,找一找,哪些地方可能存在安全隐患?如果有,请把它圈出来,并说明理由。

安全隐患:　　　　　　　　　　　　安全隐患:
理由:　　　　　　　　　　　　　　理由:

图 1-1-1

☆ **引导问题4**　容易造成幼儿入园环节安全事故的原因有哪些?请你阅读以下案例,分析造成幼儿入园环节安全事故的原因。

案例一　入园时,大家都在排队晨检,有个幼儿带来一柄剑,他说:"这是我爷爷给我买的玩具,我带来和小朋友们一起玩。"他一边说一边得意地随意比划着玩具,一不小心,他的剑碰到了其他小朋友。

原因分析:

案例二　聪聪的父母急着去上班,将聪聪送到幼儿园门口马上就离开了。这时,王老师在和其他家长正在沟通,没有注意到聪聪。聪聪独自上楼,想去班里,在上楼的时候不慎摔倒,将手摔伤。

原因分析:

☆ **引导问题5**　请回顾学习情境中的案例,如果你是保教人员,在日常教育中该如何预防该事件的发生?请你用角色扮演的方式展示。

学习支持

一、入园环节概述

1. 入园环节安全防护的重要性

《幼儿园教师专业标准》指出：教师要合理安排和组织一日生活的各个环节，将教育灵活地渗透到一日生活中。晨间入园是幼儿在园一日生活的开始，由于时间短暂、匆忙，教师还有餐前准备、晨间锻炼、幼儿物品的收放等琐碎的工作，因此，很容易出现安全问题。比如晨检不够细致，忽略幼儿身体状况；让幼儿独自入园，家长未与保教人员交接等。所以，保教人员必须明确入园环节的工作内容，实施安全防护，预防入园安全事故的发生，让幼儿开心、家长放心。

2. 入园环节的意义

入园是幼儿一日生活的开始，良好的入园心情能让幼儿保持积极的情绪状态，对在幼儿园新的一天充满期待。积极的入园情绪对于新生更重要，可以帮助他们熟悉新的环境，更好地适应幼儿园一日生活。对于家长来说，幼儿开心入园，能使他们放心工作。在入园问候环节，保教人员应该热情地问候幼儿，及时和家长沟通，主动和幼儿交流，安抚幼儿情绪，帮助幼儿开始一天的愉快生活。对于保教人员而言，幼儿良好的入园状态有利于班级常规秩序的建立与执行，能促进活动良好开展，也为幼儿一日的学习与发展打下良好的基础。

3. 入园环节的工作内容及操作

入园环节的工作内容主要有入园前准备、晨检与考勤、入园与问候、晨间活动等，具体操作见表1-1-4。

表1-1-4　入园环节工作操作表

工作内容	具体操作	
	保育员	教师
入园前准备	1. 开窗通风，保持空气流通。根据季节变化提前做好防寒保暖、防暑降温工作 2. 清洁桌椅、门窗、玩具柜、口杯架、毛巾架、室内外地面等，保持整洁 3. 做好物品和环境的消毒工作，规整摆放物品 4. 做好早餐准备并准备足量的、温度合适的饮用水 5. 做好餐前消毒及准备工作 6. 协助教师做好晨间活动的准备	1. 协助保育员做好室内外清洁及消毒工作 2. 整理活动材料，做好幼儿活动准备 3. 做好晨间活动的场地、材料、器材等准备工作 4. 着装得体、精神良好，面带微笑，准备迎接幼儿
晨检与考勤	1. 协助做好晨检工作，观察幼儿身体和精神状况，并与保健医生沟通，及时关注有特殊需求的幼儿 2. 确保幼儿安全到达活动室	

续　表

工作内容	具体操作	
	保育员	教师
入园与问候	1. 精神饱满、面带微笑地问候幼儿 2. 指导幼儿有序摆放个人物品 3. 疏导个别幼儿入园的不良情绪 4. 合理站位，确保每一位幼儿得到关注，避免幼儿独自入园	1. 准时到达晨接场地，着装适宜，精神饱满，充满善意 2. 主动、热情地迎接幼儿入园，问候幼儿，耐心倾听幼儿表达，利用合理时机进行与家长的沟通，对幼儿进行个别指导 3. 及时安抚入园时情绪不佳的幼儿 4. 合理站位，确保每一位幼儿得到关注，避免幼儿独自入园 5. 与未入园幼儿家长联系，了解情况
晨间活动	1. 协助教师组织幼儿进行晨间活动的组织和观察 2. 在晨间锻炼活动中后阶段要及时为幼儿擦汗、用毛巾隔背、增减衣物等 3. 整理活动材料	1. 合理组织幼儿进行晨间活动，根据幼儿实际情况给予个别指导 2. 在晨间锻炼活动时，协助保育员为幼儿进行增减衣物等 3. 引导幼儿进行活动材料的整理，并准备进行集中活动

二、造成入园环节安全事故的原因

一般说来，造成幼儿入园安全事故的原因有两个方面，一方面是家长和保教人员的安全意识薄弱；另一方面是保教人员组织和安排不当。

1. 家长自身原因导致的安全事故

（1）家长未将幼儿亲手交给保教人员，导致幼儿走失等安全事故。家长因着急上班，将幼儿送到幼儿园大门口后，未亲自看着幼儿进入幼儿园大门，便匆忙离开。在这一环节，保教人员应该与家长做好交接工作，确保幼儿安全进班。如果家长将幼儿送到幼儿园转身就走，保教人员受视野的限制未发现幼儿，没有照顾到幼儿，幼儿可能会独自上楼进班，中途可能发生危险，见图1-1-2。

（2）家长为幼儿准备的服饰不得体，存在安全隐患。幼儿有时会因为自己的喜好，选择不适合在幼儿园活动的服装或配饰入园，从而导致危险。比如女孩可能戴坚硬的发夹，衣服上佩戴一些亮片，这些都可能刮伤自己或其他小朋友。保教人员应该注意与家长沟通，让家长在为幼儿选择衣服和装饰时注意可能带来的隐患与问题。

（3）家长忽视幼儿携带危险品入园。如幼儿将细小或尖锐的物品放在口袋或背包里，带到幼儿园与小朋友分享，一起玩耍。家长应该教育小朋友不要将小刀、尖锐木块、石块等危险物品带入园，并在晨检环节及时发现和纠正，见图1-1-3。

2. 保教人员组织和安排不当导致的安全事故

（1）保教人员疏于观察。应及时关注每位幼儿的情绪是否异常、身上有无外伤、不适等健康情况。

（2）保教人员与家长攀谈时引发事故。幼儿集中入园时，保教人员和家长容易出现长时间交流的现象，忽视大多数幼儿的活动情况。家长们往往想要利用这段时间与保教人员沟通,因此很容易在交谈的过程中,发生因忽视幼儿而导致的危险情况。

图 1-1-2

图 1-1-3

（3）没有及时关注所有入园幼儿。活动安排在室内时,在幼儿陆续来园进入教室的过程中,保教人员在室内只关注一部分幼儿,没有关注刚入园幼儿。刚入园幼儿自行进入班级,可能发生安全事故。

（4）晨间锻炼环节准备不充分。在晨间锻炼前,保教人员应该做好充分的准备和安排。如保教人员没有评估活动场地的安全,没有活动计划,场地、材料没有安排到位,这些疏漏都有可能造成晨间锻炼环节的混乱,导致安全事故。

（5）晨间锻炼活动组织不当。例如,在晨间锻炼组织幼儿回班途中,幼儿会有走路慢、掉队现象,容易出现因着急追赶、拥挤导致的摔伤。

三、预防入园环节安全事故的措施

1. 做好入园准备

在幼儿入园前,保教人员应该提前做好活动室内外的清洁、活动前的场地和器械的准备,做好晨检物品的准备等工作,在幼儿入园时才能不慌乱、仓促,保证幼儿安全入园。

2. 合理组织入园环节

（1）看护幼儿进入幼儿园要认真仔细。保教人员提醒幼儿将带入园的物品合理摆放,保管好幼儿物品。如果有幼儿携带危险物品,要与家长及时沟通,将物品带回或妥善保管。

（2）做好晨检工作,防控幼儿传染病。幼儿园是人员比较密集的场所,幼儿年龄小,抵抗力弱,属于易感人群。因此,幼儿园内容易发生和流行各种传染病。要做好幼儿园传染病的预防和管理工作,如坚持晨检,严格消毒,开展预防接种工作等,维护幼儿的身心健康和生命安全。

（3）合理分工,明确各自的责任、站位等,共同组织与管理。入园环节,幼儿和家长来园人数多,人员密集,还要组织活动,如果保教人员分工不清,站位不合理,细节不完善,就很容易发生安全事故。因此保教人员要合理分工,做到井然有序。

（4）热情接待,主动交流,做好交接。保教人员一定要主动提醒家长,确保家长将幼儿交到保教人员手中后再离开,保证所有幼儿都在自己的视线范围内,以防幼儿单独活动。

（5）做好个别幼儿的情绪安抚工作。有些幼儿在入园时由于不舍离开家长会哭闹甚至乱跑。要采取有效措施缓解幼儿的紧张心理和焦虑情绪,以免其因为长时间的哭闹、情绪低落造成身体上的不适。要与幼儿建立情感联系,让幼儿喜欢上幼儿园。

3. 引导幼儿熟悉入园环节的安全注意事项

(1)开展安全教育,增强幼儿安全意识。保教人员平时应该对幼儿进行安全教育,增强其自我保护意识。比如,知道哪些东西不能带到幼儿园,如何着装较为得体、适宜活动。

(2)引导幼儿熟悉入园环节的流程。如愉快地接受晨检;不带危险物品入园;对老师和同伴说"早上好",和家长告别时说"再见";要和家长一起进园,让家长把自己送到保教人员面前。

4. 家园协作,保障幼儿安全入园

为了保证幼儿的安全,应该充分发挥家园合力的作用,告知家长要遵守幼儿入园的各项制度,主动遵守规则,如不让幼儿携带危险物品入园,增强家长的防护意识,共同保障幼儿的安全入园。

任务实施

根据岗位实际情况,结合你获取的信息,制订幼儿入园安全防护方案。

幼儿入园安全防护方案

班级:_____
岗位:_____

一、方案制订目的

二、方案制订依据

三、预防幼儿入园安全问题具体措施(见表 1-1-5)

表 1-1-5　幼儿入园安全防护措施

工作内容	防护重点	具体操作

小提示

可以从造成幼儿入园安全问题的原因、入园环境存在的安全隐患、实际工作情境等方面,分析阐述制订依据。

评价反馈

请扫描二维码,观看微课,结合微课内容对你的任务完成情况进行打分,请认真思考你的方案有哪些不足并做出完善和优化。

微课 1-1

表 1-1-6　评价表

评价指标	满分	评价等级			等级	分项得分
		优	良	一般		
方案逻辑清晰、表述规范	20	18~20	15~17	12~14		
内容详实,无知识性错误	20	18~20	15~17	12~14		
涵盖工作岗位的每一项工作内容	20	18~20	15~17	12~14		
能结合不同岗位特点,有具体的工作要求	20	18~20	15~17	12~14		
符合实际工作场景,可行性较好	20	18~20	15~17	12~14		

任务 2 进餐的安全防护

进餐是幼儿一日生活中非常重要的活动,也是幼儿园一日活动中耗时长、备受关注的生活环节之一。进餐环节之所以备受关注,有以下原因:首先,进餐环节是保证幼儿生命活动正常进行的必需环节,是幼儿健康成长的保障;其次,进餐环节是幼儿园重要的保育内容,也是幼儿园教育的重要方面,深刻影响着幼儿园其他活动的开展;最后,安全、愉快地进餐是幼儿、家长和社会的共同诉求与心愿。由于进餐环节自身的特点和外界多种因素的影响,进餐环节常暗藏危险,容易发生安全事故,危害幼儿的身心健康。为什么看似普通的进餐环节却暗藏危险呢? 通过这一任务的学习,相信同学们会有自己的答案。

学习情境

2019 年 5 月 19 日,重庆市某幼儿园中三班发生了一起较为严重的幼儿烫伤事件。晚餐时间,主班老师张老师忙着组织幼儿到盥洗室洗手,保育员赵老师端着满满一盆饭菜走进了活动室,放在分餐台上散热,随后又急忙返回了厨房。先洗完手的几个孩子看到老师不在,又闻到饭菜的香味,便迫不及待地冲到分餐台,想看看今天吃什么。突然,活动室里传来了豆豆的哭声。原来,豆豆在和其他孩子抢着看饭菜时,手臂不小心碰到了桌子上的饭盆,被烫出了红红的一大片。赵老师查看了豆豆的伤势后,赶忙委托张老师带豆豆到医务室治疗。

学习目标

知识目标

1. 熟悉进餐环节的工作内容及具体操作。
2. 认识进餐的环境与场景。
3. 了解进餐环节的开展过程。

能力目标

1. 发现进餐环节存在的安全隐患。
2. 能分析出进餐环节存在安全隐患的原因。
3. 能运用进餐环节的安全防护措施对幼儿进行安全防护。
4. 能通过探究学习的方式,结合岗位实际情况初步制订幼儿进餐环节安全防护方案。
5. 能通过自主查阅资料解决问题,并能与小组成员合作分工,共同完成任务。

素养目标

1. 在进餐环节中具备安全防护意识。
2. 在进餐环节中,具备培养幼儿安全行为习惯的职业意识。

任务书

每一次安全事故都会给幼儿带来巨大伤害,为尽可能避免安全事故的发生,保教人员必须时刻警钟长鸣,制订详细的安全预案。作为未来的保教人员,请你开动脑筋结合工作岗位特点,制订一份进餐环节安全防护方案,保障幼儿安全、快乐进餐。

> **要求**
> 1. 方案要符合幼儿园实际工作情况。
> 2. 方案要有可操作性,描述要具体。
> 3. 方案要能有效地避免幼儿在进餐环节发生安全事故。

工作计划

想一想,你打算采用什么方法,通过哪些途径,获取哪些方面的知识内容? 请你与小组成员协商并制订自己的计划,填入表 1-2-1,以便更好地制订方案。

表 1-2-1　工作计划表

我需要获取哪方面的知识内容	如何获取	完成时间

信息获取

☆ **引导问题 1**　请你采访身边熟悉的幼儿园保教人员,了解组织幼儿进餐需要做哪些工作,每项工作的具体操作是什么,或结合你的见习经历完成表 1－2－2。你也可以查阅相关资料获取更多的信息。

表 1－2－2　信息获取表

幼儿进餐环节工作内容	具体操作

☆ **引导问题 2** 结合引导问题 1,联系所学知识及个人生活经验,认真思考进餐环节的每一项工作内容及具体操作。想一想,每一项工作内容存在哪些安全隐患?试着完成表 1－2－3。

表 1－2－3 信息获取表

工作内容	安全隐患	我的理由

☆ **引导问题 3**　仔细观察幼儿进餐场景，见图 1-2-1，找一找，哪些地方存在安全隐患？如果有，请把它圈出来，并说明你的理由。

(a)　　　　　　　　　　　　　　　(b)

安全隐患：　　　　　　　　　　安全隐患：

理由：　　　　　　　　　　　　理由：

图 1-2-1

☆ **引导问题 4**　容易造成进餐环节安全事故的原因有哪些？请你阅读以下案例，分析造成进餐环节安全事故的原因。

案例一　豆豆在吃饭时和其他幼儿讲笑话，结果被米饭呛到，一直咳嗽。

原因分析：

案例二　午餐时，夏老师看到萌萌吃饭很慢，就严厉地批评了她，要求她两分钟内吃完。萌萌马上端起小碗，大口大口地往嘴里送饭菜，狼吞虎咽地吃了起来，结果大量饭菜堵在咽喉，萌萌被憋得脸色青紫。

原因分析：

案例三　保育员罗老师给平时饭量大的豆豆装了满满一碗面条,豆豆颤颤巍巍地端着面条回座位,回去的路上汤洒了出来,豆豆的小手被烫伤。

原因分析:

案例四　某幼儿园为了不浪费食物,便将前一天剩下的豆浆分给幼儿喝,导致肠胃功能较弱的几名幼儿严重腹泻。

原因分析:

案例五　保育员张老师将饭菜端来,放在盥洗室门前的过道上散热。从盥洗室出来的星星没注意到饭盆,不慎将其打翻导致被烫伤。

原因分析:

☆ 引导问题5　安全事故的发生往往在一瞬间,而后果常令人悔恨一生。作为未来的幼儿教育工作者,你有哪些好的建议来减少幼儿进餐环节安全事故的发生?请你以"给幼儿园的一封建议信"的形式写下你的具体措施。

学习支持

一、进餐环节概述

1. 进餐环节安全防护的重要性

进餐是维持生命活动的重要环节,是令人十分愉快的生活内容,也是幼儿非常喜欢的环节之一。"孩子能愉悦地享受食物,健康地成长""孩子们吃得好,吃得健康,吃得安全"是家长对幼儿园的期盼与要求;幼儿园承担了幼儿一日中的大部分进餐任务,保教人员是幼儿在园期间饮食安全的主要责任人之一。因此,幼儿园必须担负起幼儿进餐安全的重任,做幼儿进餐安全的守护者。

2. 进餐环节的工作内容及操作

进餐环节主要有餐前准备、取餐及餐前检查、餐前教育、分餐、进餐过程观察与指导、餐后整理等工作内容,具体操作见表1-2-4。

表1-2-4　进餐环节工作操作表

工作内容	具体操作	
	保育员	教师
餐前准备	1. 在分发食物前先对幼儿的桌子、分餐桌清洁消毒。可先用调配好的消毒水擦拭桌面一次,再取干净的清水、抹布清洁桌面,确保桌面干净无菌 2. 将幼儿餐具、保育员取餐和分餐用具从消毒柜中取出,放置在合适的位置备用 3. 指导中大班值日生将碗筷、盛残渣的盘子放置到幼儿桌上,并检查放置位置是否合理。托班和小班幼儿相关用具由保育员亲自放置 4. 洗净双手,穿戴整齐规范,佩戴帽子、口罩、围裙、手套	1. 营造安静、愉快的进餐环境 2. 组织幼儿在活动室内开展安静、放松的活动,如讲故事、做手指游戏、听录音 3. 组织幼儿有秩序地盥洗
取餐及餐前检查	1. 在指定时间前往厨房领取幼儿餐食,将其端回本班时应加盖防尘罩 2. 如果食物不能一次拿回,应嘱咐活动室内其他保教人员帮助监管放在活动室内的食物 3. 确认食物温度适宜,如发现食物温度较高应注意采取散热措施,气温较低时应注意为食物保温 4. 检查食物是否安全,有无不适宜食用情况。并再次核对特殊体质、过敏体质幼儿食物过敏记录表,确认食物可以食用	
餐前教育	1. 用灵活丰富的形式向幼儿介绍菜品名称及营养,激发幼儿进餐欲望 2. 提醒幼儿进餐注意事项、进餐礼仪、特殊食物(骨头、鱼刺、过敏食物等)的食用方法;教育幼儿不挑食、不暴饮暴食	
分餐	1. 组织中大班幼儿排队、有秩序地领取饭菜,托班、小班幼儿的饭菜由保教人员分发到幼儿座位上 2. 组织领到饭菜的幼儿在座位上安静就餐	

工作内容	具体操作	
	保育员	教师
进餐过程观察与指导	1. 协助教师观察幼儿进餐情况,提醒和纠正幼儿不良进餐习惯 2. 为吃完的幼儿添饭加汤 3. 引导幼儿细嚼慢咽,不用比赛、惩罚方式催促幼儿进食,及时帮助进餐有困难的幼儿 4. 协助教师提醒幼儿注意进餐卫生、礼仪,妥善处理食物残渣及洒出的饭菜	1. 观察幼儿进餐情况,提醒和纠正幼儿不良进餐习惯 2. 鼓励幼儿独立进餐,提醒幼儿进餐速度及食量适当 3. 掌握幼儿进餐情况,解读幼儿进餐表现,对特殊幼儿个别照顾,处理进餐中的突发情况
餐后整理	1. 指导幼儿捡拾桌面、地面的食物残渣、纸巾等并将其放置到规定位置,再将餐具放置到回收处 2. 督促并指导幼儿餐后擦嘴、漱口 3. 幼儿进餐结束后,打扫桌面、地面,清洗餐巾和餐具并消毒	1. 协助保育员做好幼儿的餐后整理及擦嘴、漱口等事项 2. 组织全部幼儿餐后适量散步

二、造成进餐环节安全事故的原因

1. 保教人员原因导致的安全事故

（1）食物摆放位置不合理。如将汤盆、饭菜摆放在幼儿经常经过的地方,若幼儿因好奇上前观看碰到汤盆,行走时不慎碰到,拥挤中打翻汤盆,都会导致幼儿烫伤。

（2）保教人员组织不到位。就餐时,保教人员若没有组织幼儿分组、排队前来领取饭菜,而是允许幼儿一哄而上抢饭菜,便容易致使幼儿在争抢、拥挤时发生意外,如摔伤、烫伤、踩踏事件等,见图1-2-1(a)。

（3）分发餐食时导致意外。在分餐前没有将食物散温至合适温度,幼儿在就餐时便会发生口腔、食管烫伤或因食物洒出烫伤;在分餐时,将饭菜、汤盛得过满,幼儿在端饭时食物洒出容易造成幼儿被烫伤或被洒落的油渍滑倒;保教人员将容易引起过敏的食物分给有过敏史的幼儿,导致幼儿过敏;在为幼儿添饭时,保教人员动作过大或太匆忙,将饭菜甩出导致幼儿被烫伤。

（4）饭菜洒到地面时没有及时擦干,幼儿会因地面有油渍、水渍滑倒。

（5）疏于照顾。保教人员因忙于其他事务,对幼儿疏于照顾,未及时制止幼儿危险行为,如幼儿在口中玩勺子,用筷子打闹,半躺在椅子上吃饭,从而导致安全事故,见图1-2-1(b)。

（6）分散幼儿注意力。保教人员在幼儿进餐时播放动画片、音乐,分散幼儿进餐注意力,导致意外。

（7）保教人员催饭。部分保教人员在幼儿进餐时会用比赛、奖励(如先吃完的先玩)、言语催促、惩罚等方式催促幼儿快速进餐,导致幼儿噎呛、消化不良、呕吐窒息等严重后果。

2. 食物、餐具导致的安全事故

（1）食物腐坏变质、夹生、不卫生、有农药残留、辛辣刺激等。幼儿如果食用这样的食物,会增加腹泻、呕吐、食物中毒的风险。

（2）食物处理不彻底。如骨头、鱼刺、有毒物质等未完全处理干净，见图1-2-2。

（3）食物过硬、过干、不易嚼碎等。幼儿在食用此类食物时极易导致吞咽困难、消化不良。

（4）选用餐具不合理。用易碎材料（如陶瓷）、容量浅的餐具（如餐盘）、隔热不好、防滑差的餐具为幼儿盛饭。

3. 幼儿自身原因导致的安全事故

（1）就餐习惯不良。就餐时坐姿不正确，如一些幼儿习惯半躺在椅子上吃饭；使用餐具的方法不正确，如将勺子、叉子、筷子放在口中玩耍，用筷子当作玩具与同伴嬉戏，就餐时嬉戏打闹，就餐速度过快，等等。

图1-2-2

（2）身心发育原因。幼儿咀嚼、吞咽功能发育尚不完善，在吃一些食物时会存在诸多困难和风险；幼儿在进餐中注意力易被其他事物吸引，如动画片、音乐、其他幼儿的活动等。

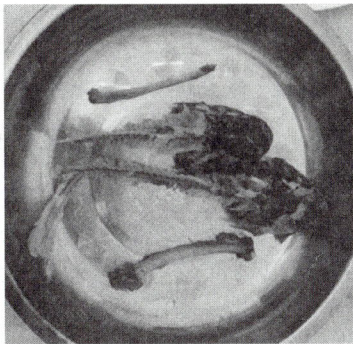

三、预防进餐环节安全事故的措施

1. 保教人员加强幼儿进餐环节的管理与组织

（1）将饭菜、汤盆摆放在远离过道的安全位置，指定专人照看，制止幼儿靠近的行为。

（2）组织幼儿分组排队拿取饭菜，见图1-2-3，或直接将饭菜分发到幼儿座位。应组织幼儿按照座位，每次让6名幼儿依次站在小脚丫图上排队领取饭菜。需要注意的是，小班幼儿的饭菜，应由保教人员直接分发到幼儿的餐桌上；中大班幼儿的饭菜可由幼儿自己排队拿取，但汤和面条等热汤较多的食物应由保教人员分发，不能直接让幼儿端取，以免汤汁洒出造成意外伤害。

（3）分餐前、中、后应注意以下问题：

① 分餐前将食物散温至合适温度；登记食物过敏幼儿的信息，牢记于心，并制成表格，张贴在分餐时能看到的地方，在分餐前再次核对调整，见图1-2-4。

图1-2-3

图1-2-4

　　② 分餐过程中应注意,不要将饭菜盛得太满,约占碗容量的 2/3 为宜,少分多添;在为幼儿添饭时,应控制动作幅度和角度,动作不宜太大,不宜匆忙,不宜从幼儿身体上经过。

　　③ 分餐后提醒幼儿细嚼慢咽,不催促。

　　(4) 如发现幼儿将饭菜洒到地面,必须及时打扫,擦净油渍,确认地面干爽不会致使幼儿滑倒。

　　(5) 在幼儿进餐时,不做与进餐管理无关的事。应观察幼儿进餐情况,加强对幼儿的管理,发现幼儿有危险行为须立即制止,如玩筷子、讲话、嬉闹等。

　　(6) 在幼儿进餐时,不播放音乐、动画片、故事音频等易分散幼儿注意力的内容,营造一个安全、安静、舒适的进餐环境,见图 1-2-5。

　　2. 确保幼儿饮食安全、卫生

　　(1) 所有保教人员在接触食物前必须做好手部清洁,穿戴好帽子、围裙、手套、口罩,见图 1-2-6。

　　(2) 在幼儿进餐前,须彻底消毒餐具、桌面。幼儿餐具在清洗干净后应放置到消毒柜中消毒,定期使用开水煮沸消毒;在幼儿进餐前,先用调试好的消毒水擦一遍桌面,再用清水和干净抹布擦净桌面及及侧边,见图 1-2-7。

  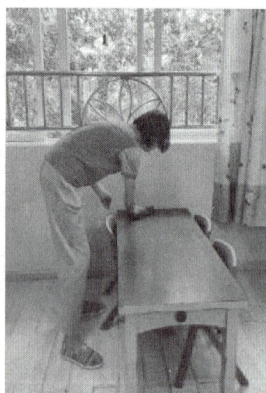

图 1-2-5　　　　　　　　图 1-2-6　　　　　　　　图 1-2-7

　　(3) 分发食物前,应再次检查食物有无过干、过硬、异味、腐坏变质、夹生等情况。如发现食物有异应立即封存食物,交给食堂工作人员和保健医生,并报告给相关领导。禁止私自去掉异常食物,将剩余食物分发给幼儿。

　　(4) 提前剔除排骨、鱼、虾等食物的骨头、刺和鱼虾的有毒有害部位,在幼儿进食此类食物前提醒幼儿食用注意事项。

　　3. 培养幼儿良好进餐习惯

　　(1) 引导幼儿正确就餐。培养幼儿餐前洗手的习惯;就餐时坐姿端正,一手扶碗,一手拿筷子,安静就餐,不嬉戏打闹,不将勺子、筷子放在口中玩耍,不用筷子指着小朋友;细嚼慢咽,进餐适量,不暴饮暴食,不挑食,不洒饭,口中有饭菜时不讲话;餐后整理桌面和地面,将餐具放置到餐具回收处,见图 1-2-8,并及时擦嘴、漱口,见图 1-2-9。

图 1-2-8

图 1-2-9

（2）教会幼儿食用特殊食物。如排骨、鱼、虾等（仅适合中班下期和大班幼儿）。托班、小班、中班上学期幼儿应由保教人员为其将鱼刺和小的骨头剔除干净。

任务实施

根据岗位实际情况，结合你获取的信息，制订进餐安全防护方案。

幼儿进餐安全防护方案

班级：_____

岗位：_____

一、方案制订目的

二、方案制订依据

三、预防幼儿进餐安全事故的具体措施(见表1-2-5)

表1-2-5　幼儿进餐安全防护措施

工作内容	防护重点	具体操作

小提示

可以从导致幼儿进餐安全问题的原因、进餐环节存在的安全隐患、实际工作情境等方面,分析阐述制订依据。

评价反馈

请扫描二维码,观看微课,结合微课内容对你的任务完成情况进行打分,请认真思考你的方案有哪些不足并做出完善和优化。

微课 1-2

表 1-2-6 评价表

评价指标	满分	评价等级			等级	分项得分
		优	良	一般		
方案逻辑清晰、表述规范	20	18~20	15~17	12~14		
内容详实,无知识性错误	20	18~20	15~17	12~14		
涵盖工作岗位的每一项工作内容	20	18~20	15~17	12~14		
能结合不同岗位特点,有具体的工作要求	20	18~20	15~17	12~14		
符合实际工作场景,可行性较好	20	18~20	15~17	12~14		

任务 3　饮水的安全防护

幼儿正值生长发育的旺盛时期,对水的需求量较高。在幼儿园内,每个班级要配备一个保温桶,内盛温度适宜的温开水,每个幼儿配备一个专用的、定期消毒的杯子。保温桶和杯子放置的高度以方便幼儿拿取为宜;在饮水区,布置一些与饮水相适应的环境,来激发幼儿对饮水的兴趣。但是,可能会因为饮水区空间较小,幼儿接水、喝水无序等原因,发生拥挤、推搡、打闹的现象;或者可能因饮水桶或饮水机的水温过高而发生幼儿被烫伤等现象……保教人员如果忽视这些细节、组织管理不当、安全排查不到位,都可能导致意外事故的发生。因此,饮水环节的安全防护非常重要,保教人员要引起重视。

学习情境

中班户外活动刚刚结束,动作快的男孩们整理好器械,纷纷走进盥洗室。洗完手后,取下自己的杯子去接水。壮壮发现已经有十几个男孩围在了饮水机前,他取下杯子在后面等了十几秒,就走到了前面看小豆接水。站在小豆后面的大乐推了壮壮的胳膊并说:"不能插队。"壮壮把肚子一挺,故意挤向前面的小朋友,导致中间的童童摔倒在地,额头磕伤,哇哇大哭……

学习目标

知识目标

1. 熟悉饮水环节的工作内容及具体操作。
2. 认识饮水环境。
3. 了解饮水环节的开展过程。

能力目标

1. 能发现饮水环节中的安全隐患。
2. 能分析饮水环节中存在安全隐患的原因。
3. 能运用饮水环节安全防护措施对幼儿进行安全防护。
4. 能通过探究学习的方式,结合岗位实际情况初步制订饮水环节安全防护方案。
5. 能通过自主查阅资料解决问题,并能与小组成员合作分工,共同完成任务。

素养目标

1. 在饮水环节中具备安全防护的意识与安全组织活动的能力。
2. 在饮水环节中具备安全教育的职业意识。

任务书

　　请你结合岗位实际情况,制订饮水环节安全防护方案,以减少幼儿在饮水时的安全问题。

要求

1. 方案要符合幼儿园实际工作情况。
2. 方案要有可操作性,描述要具体。
3. 方案可有效避免幼儿在饮水环节发生安全事故。

工作计划

　　想一想,你打算采用什么方法,通过哪些途径,获取哪些方面的知识内容?请你与小组成员协商并制订自己的计划,填入表 1 - 3 - 1,以便更好制订方案。

表 1 - 3 - 1　工作计划表

我需要获取哪方面的知识内容	如何获取	完成时间

获取信息

☆ **引导问题 1** 请你采访身边熟悉的幼儿园保教人员,了解组织幼儿饮水活动需要做哪些工作,每项工作的具体操作是什么,或结合你的见习经历完成表1-3-2。你也可以查阅相关资料获取更多的信息。

表 1-3-2 信息获取表

幼儿饮水环节工作内容	具体操作

☆ **引导问题 2**　结合引导问题 1,联系所学知识及个人生活经验,认真思考饮水环节的每一项工作内容及具体操作。想一想,每一项工作内容有哪些安全隐患? 试着完成表 1-3-3。

表 1-3-3　信息获取表

工作内容	安全隐患	我的理由

☆ **引导问题 3**　仔细观察幼儿饮水场景,见图 1-3-1。找一找,哪些地方可能存在安全隐患? 如果有,请把它圈出来,并说明你的理由。

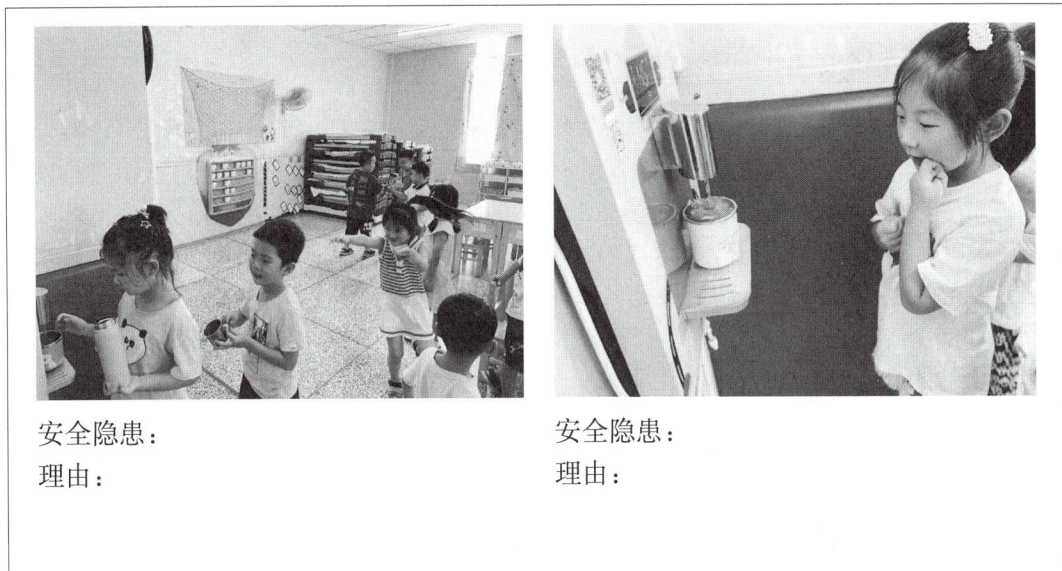

安全隐患:

理由:

安全隐患:

理由:

图 1-3-1

☆ **引导问题 4**　容易造成饮水环节安全事故的原因有哪些? 请你阅读以下案例,分析造成饮水环节安全事故的原因。

案例一　户外活动结束后,孩子们陆续回到教室,主班的李老师要求小朋友们先依次排队上洗手间,然后再喝水。接着,李老师和保育员马老师都忙着在洗手间帮助小朋友们整理衣物,没有注意到贝贝已经上完厕所,来到保温桶前接水。因为天气寒冷,保育员马老师为小朋友们准备的水水温较高,贝贝的自理能力较差,在倒水时杯子接满,热水溢出,烫到了手,贝贝吓得大哭。两位老师闻声从卫生间赶出来,赶紧帮助贝贝处理,并通知了保健医生和园长,幸亏处理及时,没有大碍。

原因分析:

案例二　饮水时间到了,饮水区内一下子就变得乱哄哄的,有的在拿杯子,有的在接水,没拿到杯子的幼儿使劲地往前挤要去拿,拿到杯子的幼儿使劲地往外钻要去接水。接到水的幼儿优哉游哉地站在那里喝水,等喝完了才离开。保育员使劲地喊:"排好队,别着急,一个一个来。"可是孩子们好像都没有听见似的,自顾自地……这样的混乱情形持续了大约 5分钟后才渐渐平息。地板上水迹斑斑,果果小朋友不慎滑倒了。

原因分析:

☆ **引导问题 5**　请回顾学习情境中的案例,在日常教育中该如何预防该事件的发生? 请你在班上作主题演讲。

学习支持

一、饮水安全防护的重要性

《幼儿园教师专业标准》规定,教师应"合理安排和组织一日生活的各个环节","科学照料幼儿日常生活","有效保护幼儿,及时处理幼儿的常见事故"。《3—6岁儿童学习与发展指南》就培养幼儿良好饮食习惯作出了非常具体的描述:4—5岁幼儿常喝白开水,不贪喝饮料;5—6岁幼儿主动饮用白开水,不贪喝饮料。新版《中国居民膳食指南》里面把每日水的摄入量从原来的1500 mL上调为每日1500~1700 mL。保育人员应充分重视幼儿饮水环节的组织和安全防护。

由于幼儿身心发展的特点,为了保证每个幼儿的饮水量,保教人员会为幼儿提出随渴随喝的要求,并在一日生活中定时组织幼儿集体饮水。在集体饮水时幼儿可能会因为盥洗室空间较小,接水、喝水无序,而发生拥挤、推搡、打闹的现象,甚至可能因饮水桶或饮水机的水温过高而被烫伤,极易发生饮水安全事故。

因此,幼儿园应充分认识到幼儿饮水环节的安全防护的重要性,为幼儿健康成长保驾护航。

二、饮水环节工作内容及具体操作

饮水环节包括饮水前的准备、饮水前的教育、饮水中的指导、饮水后的整理,具体操作见表1-3-4。

表1-3-4　饮水环节工作操作表

工作内容	具体操作	
	保育员	教师
饮水前的准备	1. 准备好充足、温度适宜的饮用水(温度在30℃) 2. 饮水器具和设备应放置在适合幼儿使用的地方,同时确保安全、卫生、整洁 3. 帮助幼儿建立有序喝水的习惯;幼儿取放水杯和接水的位置,可以用不同的标记或者图案划分;在摆放水杯时,注意要露出标记,杯把朝外,方便幼儿取放 4. 事先划分等待区、接水区、喝水区,设计较为顺畅的喝水路线(考虑到幼儿的阶段性发展,在中班或者大班中可考虑取消设计路线)	1. 与保育员合理分工,共同协商规划喝水区域和饮水常规 2. 与幼儿讨论并制订安全有序喝水的规则,并以图片或图文结合等幼儿能理解的方式呈现 3. 在一日生活中,通过听故事、读绘本等活动帮助幼儿了解喝水与健康之间的关系
饮水前的教育	1. 喝水前用适宜的方式强调喝水的重要性,引导幼儿根据身体需要及时调整喝水量 2. 指导幼儿认识杯子和摆放的位置,根据幼儿的能力指导其掌握喝水的程序和规则	

续　表

工作内容	具体操作	
	保育员	教师
饮水中的指导	1. 根据班级活动的需要组织幼儿轮流喝水,引导并允许幼儿在学习与游戏过程中,根据需要及时喝水 2. 关注所有幼儿的喝水情况,尤其是不会自己接水的幼儿,需要在其身边看护,还要关注喝水过多的幼儿 3. 关注每名幼儿的喝水量,根据季节、温度,灵活提醒和组织幼儿喝水。对于特殊情况,如幼儿身体不适、运动出汗过多等,要给予个别照顾,适当增加饮水量 4. 提醒幼儿遵守饮水常规,不在玩闹和行进中饮水	
饮水后的整理	1. 确保喝水场地地面干燥;关注幼儿的衣服是否有水迹,若有则须及时擦干,必要时更换 2. 每天清洗饮水设备和幼儿的饮水杯,并做好消毒工作,保持杯架的整洁干净	主动向家长反馈幼儿在园内的喝水情况及喝水量,建议家长在家保证幼儿最佳喝水时间,让幼儿适量喝水,帮助幼儿养成良好的饮水习惯

三、造成饮水环节安全事故的原因

幼儿饮水环节出现安全事故,主要原因包括保教人员组织管理不当、饮水设备出现故障和幼儿自身原因 3 个方面。

1. 保教人员组织管理不当导致的事故

（1）幼儿分布在活动室、盥洗室,如果保教人员分工不到位,站立的位置不合适,视野受限,就会出现幼儿脱离教师视线的情况,可能发生无法预知的危险。

（2）对幼儿饮水常规教育不够充分,没有合理规划饮水区域和路线。

2. 饮水设备和环境导致的事故

（1）有的幼儿园配备饮水机,组织幼儿自己直接接水;而有的幼儿园则提前打好开水,放在饮水桶内供幼儿接水饮用。此时,若饮用水放置不当或水温过高则很容易导致幼儿烫伤。

（2）饮水设备不能定期清洁和维修,导致幼儿喝的水不卫生,而影响幼儿身体健康。

（3）盥洗室的空间较为狭小,不能供所有的幼儿同时使用,幼儿需要轮流排队接水,容易发生幼儿推挤、打闹的现象。

3. 幼儿自身原因导致的事故

（1）接水过满。幼儿自己接水溢出,洒在地上,造成地面湿滑,容易滑倒,引发安全事故。

（2）坐姿不正确。如把两脚伸得很开,不小心绊倒别人,导致意外事故。

（3）单独接水。除了集体饮水活动外,有时候个别幼儿口渴,单独去接水,有可能发生意外事故。

（4）打闹。幼儿喝水时与同伴说笑、打闹,导致水洒出或幼儿被呛到引发安全事故。

四、预防饮水环节安全事故的措施

1. 加强幼儿饮水环节的管理与组织

（1）保教人员提前带幼儿熟悉饮水环境及饮水设备,耐心地向幼儿演示如何正确使用

图 1 - 3 - 2

饮水机或者保温桶;还需要教会幼儿正确的接水流程,见图 1 - 3 - 2。

(2) 集体饮水环节中,组织幼儿分组有序地排队接水,提醒幼儿保持安静,不能打闹。

(3) 在幼儿饮水时,保教人员分工合理,站位得当,站在能观察到所有幼儿、距离饮水区域近的位置,观察和提醒幼儿饮水注意事项。

(4) 特别关注需要帮助的幼儿,针对家长的交代,提醒身体不适的幼儿少量多次饮水。

2. 保证盥洗室设施设备和环境的安全

(1) 保教人员要每日提前检查饮水机或者保温桶内外无破损,提前调试好水温。注意每周给饮水机和保温桶消毒,见图 1 - 3 - 3。

(2) 在盥洗室内创设"隐性规则"环境,如用不同标记或图案划分出等待区、接水区,培养幼儿有序喝水的规范,形成良好的饮水习惯,见图 1 - 3 - 4。

图 1 - 3 - 3   图 1 - 3 - 4

(3) 铺设防滑地垫,注意保持地面干燥,防止幼儿滑倒。

3. 培养幼儿良好的饮水习惯

幼儿园要重视幼儿的一日饮水活动,而良好的饮水习惯是保证孩子健康饮水的必要条件。培养幼儿良好的饮水习惯,注意提醒幼儿随渴随喝,并且在喝水的过程中不玩水,不在饮水区推搡、打闹、嬉戏等,做到文明饮水。

任务实施

根据岗位实际情况,结合你获取的信息,制订幼儿饮水安全防护方案。

幼儿饮水安全防护方案

班级:＿＿＿＿＿＿

岗位:＿＿＿＿＿＿

一、方案制订目的

二、方案制订依据

三、预防幼儿饮水安全问题具体措施(见表 1 - 3 - 5)

表 1 - 3 - 5

幼儿饮水安全防护措施		
工作内容	防护重点	具体操作

小提示

可以从导致幼儿饮水安全问题的原因、饮水环境存在的安全隐患、实际工作情境等方面,分析阐述制订依据。

评价反馈

请扫描二维码,观看微课,结合微课内容对你的任务完成情况进行打分(见表1-3-6),请认真思考你的方案有哪些不足并做出完善和优化。

微课1-3

表1-3-6

评价指标	满分	评价等级			等级	分项得分
		优	良	一般		
方案逻辑清晰、表述规范	20	18~20	15~17	12~14		
内容详实,无知识性错误	20	18~20	15~17	12~14		
涵盖工作岗位的每一项工作内容	20	18~20	15~17	12~14		
能结合不同岗位特点,有具体的工作要求	20	18~20	15~17	12~14		
符合实际工作场景,可行性较好	20	18~20	15~17	12~14		

任务 4　盥洗的安全防护

盥洗是幼儿卫生保健的基本内容,与幼儿的健康成长密不可分,也影响着其他环节的开展,是幼儿园一日生活中十分重要的内容。同时,盥洗环节又极易发生安全事故。如果不重视盥洗环节的安全防护,会为幼儿的在园安全埋下隐患。

学习情境

午餐时,主班老师陈老师在活动室整理孩子们的玩具,保育员张老师忙着为幼儿添饭。先吃完的萌萌、贝贝、轩轩拿着漱口杯到盥洗室漱口。孩子们竟因为谁先使用小猪佩奇水龙头发生了矛盾,萌萌为了抢到水龙头和贝贝、轩轩发生了肢体冲突,结果力气小的萌萌被推倒在地上,后脑勺重重地磕在了地板上,经检查,萌萌疑似脑震荡。

学习目标

知识目标

1. 熟悉盥洗环节的工作内容及具体操作。
2. 认识盥洗环境与场景。
3. 了解盥洗环节的开展过程。

能力目标

1. 能发现盥洗环节存在的安全隐患。
2. 能分析盥洗环节存在安全隐患的原因。
3. 能运用盥洗环节的安全防护措施对幼儿进行安全防护。
4. 能通过探究学习的方式,结合岗位实际情况初步制订幼儿盥洗环节安全防护方案。
5. 能通过自主查阅资料解决问题,并能与小组成员合作分工,共同完成任务。

素养目标

1. 在盥洗环节中具备安全防护意识。
2. 在盥洗环节中,有培养幼儿安全行为习惯的职业意识。

任务书

孩子们一个小小的举动,带来的却是严重的事故。我们一方面痛心于事故的后果,一方面又需要沉着分析事故发生的缘由,寻找避免此类事故再次发生的方法。请你结合幼儿园工作实际和具体的岗位特点,制订幼儿盥洗环节安全防护方案。

要求

1. 方案要符合幼儿园实际工作情况。
2. 方案要有可操作性,描述要具体。
3. 方案可有效避免幼儿在盥洗环节发生安全事故。

工作计划

想一想,你打算采用什么方法,通过哪些途径,获取哪些方面的知识内容? 请你与小组成员协商并制订计划,填入表 1－4－1,以便更好地制订方案。

表 1－4－1　工作计划表

我需要获取哪方面的知识内容	如何获取	完成时间

信息获取

☆ **引导问题 1**　请你采访身边熟悉的幼儿园保教人员,向她们了解组织幼儿盥洗需要做哪些工作,每项工作的具体操作是什么,或结合你的见习经历完成表 1－4－2。你也可以查阅相关资料获取更多的信息。

表 1－4－2　信息获取表

幼儿盥洗环节工作内容	具体操作

☆ **引导问题 2**　结合引导问题 1,联系所学知识及个人生活经验,认真思考盥洗环节的每一项工作内容及具体操作。想一想,每一项工作内容有哪些安全隐患? 试着完成表 1-4-3。

表 1-4-3　信息获取表

工作内容	安全隐患	我的理由
其他思考		

☆ **引导问题 3** 仔细观察盥洗环节的场景,见图 1-4-1。找一找,哪些地方可能存在安全隐患? 如果有,请把它圈出来,并说明你的理由。

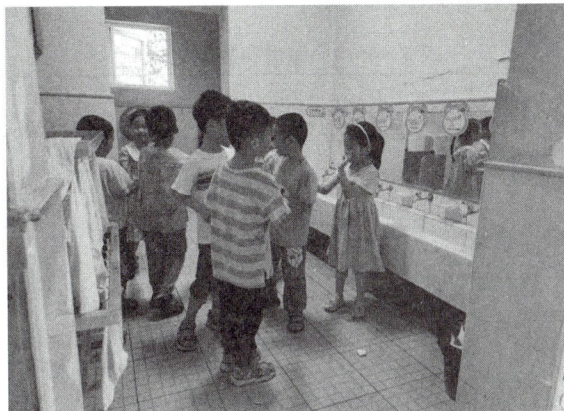

(a)

安全隐患:

理由:

(b)   (c)

安全隐患: 安全隐患:

理由: 理由:

图 1-4-1

☆ **引导问题 4**   有人说"幼儿在盥洗时发生意外伤害是保教人员的责任",也有人说"幼儿自身的生理、心理发展特点极易导致其在盥洗时发生意外",还有人说"原因是多种多样的,是各类因素共同作用的结果"。你的观点是怎样的?请你和同学围绕"盥洗事故谁之责?"展开辩论,将双方的论点论据记录在表 1-4-4 内。

表 1-4-4   盥洗事故谁之责?

正方论点、论据	反方论点、论据	其他看法

☆ **引导问题 5**   事故的发生往往在一瞬间,而事故的后果常令人悔恨一生。作为未来的幼儿教育工作者,你有哪些好的建议来帮助幼儿园减少盥洗环节安全事故?请你以"给幼儿园的一封建议信"的形式写下你的具体建议。

学习支持

一、盥洗环节概述

1. 盥洗环节安全防护的必要性

《幼儿园教师专业标准》规定，教师应"合理安排和组织一日生活的各个环节"，"科学照料幼儿日常生活"，"有效保护幼儿，及时处理幼儿的常见事故"。由于幼儿身心发展的特殊性，3—6岁的幼儿一天中会有很多次盥洗活动，如进餐前、如厕后、活动后等，盥洗是幼儿一日生活中重复频率最高的环节之一。但幼儿安全意识十分薄弱，易将盥洗当作游戏，在盥洗室内追逐、打闹、玩肥皂、过"泼水节"。在这种情形下，盥洗室就变成了一个人员密集、湿滑、人员活动频繁的危险之地。因此，保教人员应充分重视盥洗环节的规范组织与有效防护，确保盥洗活动安全、有序开展。

2. 盥洗环节工作内容及操作

幼儿盥洗环节的工作内容包括盥洗前的准备、盥洗前的教育、组织盥洗、盥洗后的清洁整理，各项工作内容的具体操作如表 1-4-5 所示。

表 1-4-5　盥洗环节工作操作表

工作内容	具体操作	
	保育员	教师
盥洗前的准备	1. 在幼儿进入盥洗室前将盥洗室打扫干净，用干拖布擦净地上的全部水渍、脏污，并在洗手台、厕所边等位置铺好防滑地垫 2. 检查盥洗室内设施设备是否有故障、晃动和安全隐患，如热水器水温是否正常、水龙头是否可以正常使用 3. 检查并及时补充洗手用品：肥皂或洗手液、毛巾等	1. 在盥洗室内创设"隐性规则"环境：张贴洗手步骤图、"这些行为不可以"图片，在地上贴上"小脚丫"图片、盥洗等待线等 2. 有刚入园或年龄小的幼儿，应带他们进入盥洗室参观，演示盥洗室设施设备的使用方法 3. 组织幼儿学习盥洗规则、洗手方法、盥洗时的注意事项等
盥洗前的教育	协助教师对幼儿进行盥洗前的教育，再次提醒幼儿盥洗时的注意事项	再次提醒幼儿盥洗时的方法、注意事项等
组织盥洗	1. 与其他保教人员合理分工，一人在盥洗室内组织幼儿盥洗，另一人在活动室内照看等待盥洗的幼儿 2. 组织幼儿分组有序进入盥洗室 3. 观察盥洗室内幼儿盥洗情况，提醒幼儿注意事项，及时制止幼儿的不当行为 4. 帮助盥洗有困难幼儿，如帮幼儿挽起衣袖、教幼儿漱口方法等 5. 如发现地面有较多水渍，及时用干拖布擦干水渍	
盥洗后的清洁整理	1. 如发现幼儿将衣物打湿，应为幼儿更换衣服或吹干 2. 清洁洗手台面，擦干台面残留水渍，将洗手液、肥皂等洗手用品归位 3. 用干净水冲洗防滑地垫、地面，再用半干拖布将地面清洁干净，最后用干拖布将地	1. 组织盥洗完的幼儿开展活动 2. 可以适当总结幼儿盥洗表现：表现得好的方面，需要改进的方面，并做好记录，在下一次盥洗前提醒幼儿注意

工作内容	具 体 操 作	
	保育员	教师
	面擦拭两次,直到地面无水渍,铺好防滑地垫。如盥洗室有风干系统,应打开风干系统将地面进一步风干 4. 清洗使用过的抹布、拖布,放置在幼儿无法接触的地方晾干 5. 清洗并消毒幼儿使用过的毛巾、漱口杯,消毒完成后将毛巾挂在毛巾架上,漱口杯放置在漱口杯放置处	

二、造成盥洗环节安全事故的原因

造成盥洗环节安全事故的原因是多种多样的,主要原因有以下方面。

1. 保教人员原因导致的事故

(1) 组织不到位。保教人员没有组织幼儿分组轮流盥洗,没有根据水龙头数量合理安排幼儿。当大量幼儿涌入狭小的盥洗室时,会出现一部分幼儿在盥洗,另一部分在等待的情况。等待的幼儿往往因为无事可做而做出推搡、拥挤、打闹、争抢等危险行为。人数过多的情况下,保教人员便无法很好地关注和管理每一名幼儿的行为,对危险的预判能力也会下降,见图 1 - 4 - 1(a)。

(2) 站位不合理。幼儿盥洗时,保教人员的现场管理十分重要,如果站立位置不恰当,视野受阻,就不能很好地观察和保护盥洗中的幼儿。

(3) 没有及时处理盥洗室地面的水渍、洗手液、清洁剂等。刚清洁过的地面或幼儿盥洗后的地面常残留水渍,十分湿滑,可能还会有洒落的洗手液、肥皂液,如不及时处理,幼儿踩上后极容易重心不稳,滑倒摔伤,见图 1 - 4 - 1(b)。

(4) 没有铺设防滑地垫。一些幼儿园的盥洗室没有铺设防滑地垫,幼儿易因为地板湿滑摔倒,造成摔伤、磕碰、扭伤,甚至骨折。

2. 盥洗室设备导致的事故

(1) 热水器故障导致烫伤。很多幼儿园在冬季会安装热水器,为幼儿提供热水盥洗。热水器温度显示故障、水温不可调节、冷水系统故障、没有提前设定水温等,都会导致水温过高,致使幼儿盥洗时被烫伤,见图 1 - 4 - 1(c)。

(2) 洗手池高度、宽度不合理,有锋利棱角、高台阶。在设计盥洗室时考虑不够充分,没有根据幼儿身高设置洗手池高度,导致幼儿在洗手时踮起脚尖,将水洒到水池外。厕所与盥洗室之间台阶高度过高,且棱角锋利,幼儿在上下台阶时存在严重的安全隐患。

3. 幼儿自身原因导致的事故

(1) 盥洗习惯不良。一些幼儿将盥洗室当作游戏场地,将盥洗当成游戏,在盥洗室内玩水,与同伴追逐、打闹、推搡等。

(2) 不熟悉盥洗室环境。设施设备使用不熟练,尤其是刚入园的幼儿和小班幼儿,尚不能把握开水龙头的力度,不知道肥皂、洗手液的使用方法,容易发生意外。

三、预防盥洗环节安全事故的措施

1. 加强对盥洗环节的管理与组织

（1）保教人员应在幼儿刚入园、更换班级、长假返园后带幼儿熟悉盥洗室环境及设施设备，演示设施设备的正确使用方法，尤其是对托班和小班的幼儿更应加强这方面的教育，见图 1-4-2。

（2）组织幼儿分组进入盥洗室，依据水龙头数量控制进入人数，如有 5 个水龙头，每次宜安排 5 名幼儿进入盥洗室，见图 1-4-3。

（3）在幼儿盥洗时，保教人员应合理分工、站位。两名保教人员应提前分工，一名在活动室内组织幼儿，另一名在盥洗室内。盥洗室内的保教人员应站在能观察到所有幼儿、遇到突发状况能马上赶到的位置，观察和提醒幼儿盥洗注意事项，见图 1-4-4。

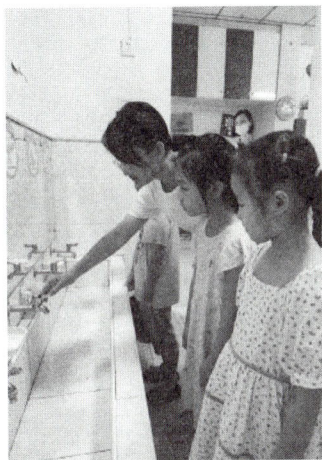

图 1-4-2　　　　　　图 1-4-3　　　　　　图 1-4-4

（4）特别关注需要帮助的幼儿。如发现幼儿将水龙头开得很大，应及时指导幼儿将水龙头关小；幼儿没有将袖子挽上去，应及时帮幼儿挽袖过肘等。

2. 保证盥洗室设施设备、环境安全

（1）保教人员应每日在幼儿盥洗前检查热水器是否正常运作，提前调试好水温，并亲自感受水温是否合适，确保水温适宜再组织幼儿盥洗。

（2）在盥洗室内创设"隐性规则"环境。如在地上贴"小脚丫"图片、排队标识线，在洗手池旁边贴上"这些行为不可以"的图片，以此来提醒幼儿盥洗注意事项，见图 1-4-5。

（3）在盥洗室内铺设防滑地垫或在地面铺设防滑石子，增大地面摩擦力，见图 1-4-6。

（4）在幼儿盥洗前后应及时处理盥洗室地面、台面的水渍、洗手液、肥皂水、清洁剂等，见图 1-4-7。

（5）对盥洗室内锋利棱角进行包圆处理，加垫子降低台阶高度。

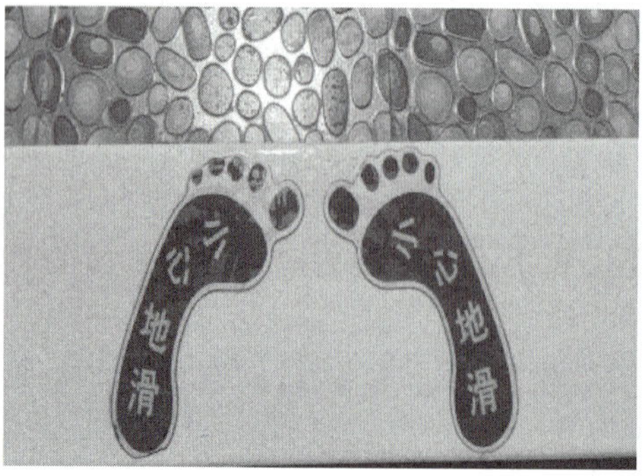

图 1 - 4 - 5

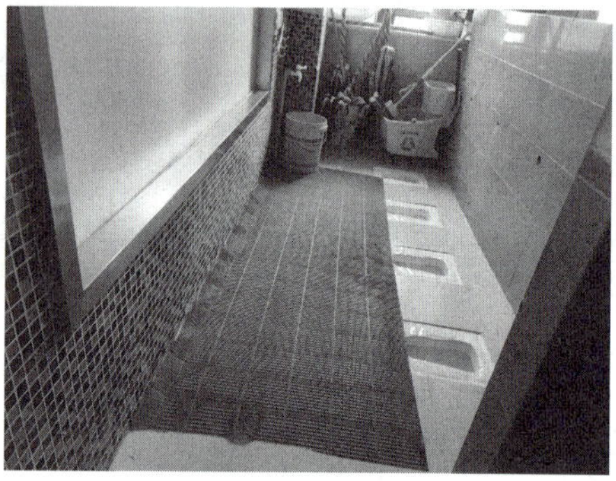

图 1 - 4 - 6

图 1 - 4 - 7

3. 培养幼儿良好的盥洗习惯

（1）组织幼儿学习盥洗注意事项：不玩水，水龙头开到适中位置，洗手液不乱洒，不在盥洗室推搡、打闹、嬉戏。

（2）在幼儿盥洗前，与幼儿共同约定盥洗规则，指导幼儿复述盥洗规则。

任务实施

根据岗位实际情况,结合你获取的信息,制订幼儿盥洗安全防护方案。

幼儿盥洗安全防护方案

班级:_____

岗位:_____

一、方案制订目的

二、方案制订依据

三、预防幼儿盥洗安全事故的具体措施(见表 1 - 4 - 6)

表 1 - 4 - 6 幼儿盥洗安全防护措施

工作内容	防护重点	具体操作

小提示

可以从导致幼儿盥洗安全问题的原因、盥洗环节存在的安全隐患、实际工作情境等方面,分析阐述制订依据。

评价反馈

请扫描二维码,观看微课,结合微课内容对你的任务完成情况进行打分,请认真思考你的方案有哪些不足并做出完善和优化。

微课 1-4

表 1-4-7　评价表

评价指标	满分	评价等级			等级	分项得分
		优	良	一般		
方案逻辑清晰、表述规范	20	18～20	15～17	12～14		
内容详实,无知识性错误	20	18～20	15～17	12～14		
涵盖工作岗位的每一项工作内容	20	18～20	15～17	12～14		
能结合不同岗位特点,有具体的工作要求	20	18～20	15～17	12～14		
符合实际工作场景,可行性较好	20	18～20	15～17	12～14		

任务5　如厕的安全防护

　　如厕是幼儿在园的重要生活环节,它能反映一个人最基本的生活自理能力和卫生习惯。如厕能力的培养是幼儿园生活教育的一项重要内容,可满足幼儿正常的生理排泄需要;应让幼儿学习并掌握如厕的基本技能,初步建立一系列关于如厕的健康行为方式。

　　幼儿园如厕环境一般比较狭小、易有水渍。而且幼儿年龄较小,如厕动作还不熟练,爱打闹、跑跳,规则意识也较差。所以,如厕是容易引起幼儿安全事故的环节。

🏫 学习情境

　　中班区域活动时,主班的王老师正在组织幼儿们玩"娃娃家"。保育员刘老师刚刚擦完卫生间的地面,个别幼儿就要上厕所。明明小朋友自行来到卫生间,由于地面有些湿滑,他走得有些快,脚下一滑,跌倒在地,眉骨处磕在了便池的边缘上,流血了。刘老师听到哭声后,急忙跑进卫生间,看到明明眉骨处流血,第一时间将他送到医务室。保健医生处理伤口后,立刻把他送往医院。医生为其处理了伤口并缝了3针。

📖 学习目标

知识目标

1. 熟悉如厕环节的工作内容及具体操作。
2. 认识如厕环境与场景。
3. 了解如厕环节的开展过程。

能力目标

1. 能发现幼儿园如厕环节存在的安全隐患。
2. 能分析幼儿如厕环节安全隐患的原因。
3. 能运用如厕环节的安全防护措施对幼儿进行安全防护。
4. 能通过探究学习的方式,结合岗位实际初步制订幼儿如厕环节安全防护方案。
5. 能通过自主查阅资料解决问题,并能与小组成员合作分工,共同完成任务。

素养目标

1. 在如厕环节中具备安全防护意识。
2. 在如厕环节中,有培养幼儿安全行为习惯的职业意识。

任务书

幼儿安全如厕离不开保教人员对幼儿如厕环节安全防护的重视。请你结合所学知识和岗位实际情况,制订如厕环节安全防护方案,以减少幼儿在如厕时的安全问题。

要求

1. 方案要符合幼儿园实际工作情况。
2. 方案要有可操作性,描述要具体。
3. 方案可有效地避免幼儿在如厕环节发生安全事故。

工作计划

想一想,你打算采用什么方法,通过哪些途径,获取哪些方面的知识内容？请你与小组成员协商并制订自己的计划,填入表 1-5-1,以便更好地制订方案。

表 1-5-1　工作计划表

我需要获取哪方面的知识内容	如何获取	完成时间

获取信息

☆ **引导问题 1** 请你采访身边熟悉的幼儿园保教人员,了解组织幼儿如厕需要做哪些工作,每项工作的具体操作是什么,或结合你的见习经历完成表1-5-2。你也可以查阅相关资料获取更多的信息。

表 1-5-2 信息获取表

幼儿如厕环节工作内容	具体操作

☆ **引导问题 2**　结合引导问题 1,联系所学知识及个人生活经验,认真思考如厕环节的每一项工作内容及具体操作。想一想,每一项工作内容存在哪些安全隐患? 试着完成表 1-5-3。

表 1-5-3　信息获取表

工作内容	安全隐患	我的理由

☆ **引导问题3** 仔细观察幼儿如厕环境,见图1-5-1,找一找,哪些地方可能存在安全隐患? 如果有,请把它圈出来,并说明你的理由。

(a)

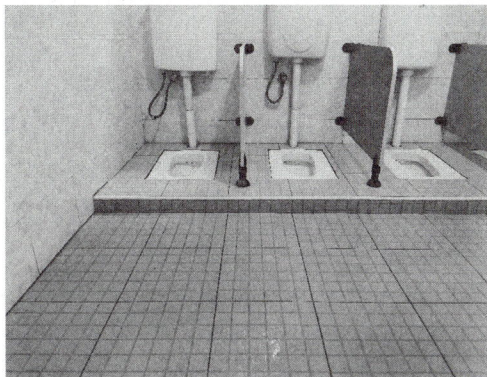

(b)

安全隐患:

理由:

安全隐患:

理由:

图1-5-1

☆ **引导问题4** 容易造成幼儿如厕环节安全事故的原因有哪些? 请你阅读以下案例,分析造成幼儿如厕环节安全事故的原因。

案例一 刘老师在组织幼儿玩"娃娃家"的游戏,保育员小王正在为幼儿准备午点。厕所里突然传来哭声,原来是明明上厕所时被其他幼儿推倒了。

原因分析:

案例二 保育员小王刚刚打扫过厕所,组织幼儿如厕。没过一会儿宁宁就摔了一跤,身上也打湿了。王老师赶紧把他抱到医务室检查。

原因分析:

案例三　户外活动结束了,中二班的幼儿回到教室如厕。果果和笑笑在卫生间玩起了"打仗"的游戏。正玩得起劲,果果的头碰到了卫生间的门板上,额头起了个大包。

原因分析:

☆ **引导问题 5**　请回顾学习情境中的案例,如果你是保教人员,在日常教育中会如何预防该事件的发生? 请你用角色扮演的方式展示。

学习支持

一、如厕环节概述

1. 如厕环节安全防护的必要性

在幼儿园，如厕能力的培养也是幼儿园一日生活教育的一项重要内容。保教人员应通过此环节，帮助幼儿学习并掌握如厕基本技能，养成良好的如厕常规和行为方式。

由于幼儿膀胱功能不如成年人发育完全，不能像成年人一样存储大量的尿液。而且，幼儿本身新陈代谢比成年人旺盛，如厕次数相比成年人较多。因此，如厕成了幼儿每天重复频率较高的生活环节。在对幼儿园安全事故的不完全统计中，有相当一部分事故发生在如厕环节中。因此，在实际工作中，保教人员需要高度重视该环节的安全防护工作，避免对幼儿造成伤害。

2. 如厕环节工作内容及具体操作

如厕环节的工作内容和具体操作见表1-5-4。

表1-5-4 如厕环节工作操作表

工作内容	具体操作	
	保育员	教师
环境准备	1. 为幼儿做好如厕物质准备，保持地面干燥，保持便池洁净、无污垢、无异味，保持空气清新与流通 2. 确保幼儿便池数量充足、大小适宜，有明确的男女标识 3. 为幼儿提供数量充足、方便拿取的卫生手纸 4. 确保便池周围无水渍，避免幼儿摔倒 5. 铺设防滑地垫	1. 在厕所中粘贴一些轻松、有趣的图片或者装饰，为幼儿创设轻松、愉悦的如厕环境 2. 在厕所粘贴如厕规则图，在合适的位置粘贴"小脚丫"贴，引导幼儿站在正确的如厕位置
如厕活动前的教育与引导	1. 带领幼儿熟悉幼儿园厕所位置和各种如厕器具的使用方式 2. 教导幼儿在集中教学活动时，如有便意，要及时主动如厕；知道如厕时不拥挤、不打闹、不喧哗 3. 引导幼儿学习脱裤子、提裤子、擦屁股、整理衣服等如厕技能 4. 引导幼儿合理取纸，用多种方式鼓励幼儿养成节约用纸的习惯	1. 通过听故事、读绘本等方式帮助幼儿养成良好的如厕习惯，如合理取手纸、便后冲水等 2. 对于中班幼儿，师幼共同讨论如厕规则，引导幼儿用不同形式记录和表现，帮助幼儿在如厕过程中形成良好的如厕常规，如厕时不喧哗、不打闹等 3. 关注特殊幼儿，如帮助如厕容易紧张的幼儿消除紧张情绪
如厕活动中的观察与指导	1. 根据幼儿自身需求，引导幼儿有序或者错时如厕 2. 关注幼儿如厕过程，保证幼儿安全，及时处理各种突发情况 3. 指导个别有如厕困难、特殊需求的幼儿 4. 关注幼儿是否正确使用便纸、大小便后是否主动冲水 5. 关注幼儿是否便后洗手	

工作内容	具体操作	
	保育员	教师
如厕活动后的整理、清洁和指导	1. 引导幼儿整理好衣裤 2. 处理地面水渍、尿渍并再次消毒 3. 及时帮助个别幼儿做好更换衣服和擦洗工作	1. 确保幼儿有干净衣物 2. 及时与如厕有困难幼儿沟通，为其疏导情绪，消除其紧张和不安情绪

二、造成幼儿如厕环节安全事故的原因

造成幼儿如厕事故，有保教人员和幼儿本身的原因，也有卫生间设备和环境的原因。

1. 保教人员组织环节导致的事故

（1）保教人员站位不合理，无法照顾到所有幼儿。如果站立的位置不合适，视野受限，就会出现某个幼儿脱离保教人员视线的情况，可能发生危险，见图1-5-2。

（2）卫生间的空间较为狭小，不能同时供所有幼儿使用。如果保教人员组织不当，或者没有提前教育好幼儿，稍不注意，就会发生拥堵、吵闹、慌乱等状况，可能导致事故，见图1-5-3。

图1-5-2

图1-5-3

（3）保教人员安全意识不强，没有预估危险，掉以轻心，造成事故发生。

2. 幼儿自身原因导致的事故

（1）幼儿年纪尚小，对周围事物的好奇心较强，行为大胆，好动好玩，对于危险事物或行为缺乏认识，如厕时存在安全隐患。

（2）小班幼儿缺乏生活经验，且年龄小，身体发育尚未成熟，肢体协调性不太好，如厕时很容易因脚下受力不均或有一定倾斜踩空，掉入便池中，因而导致受伤。

3. 卫生间设施导致的事故

（1）若卫生间地面缺少防滑设施，刚刚打扫完时，地面有水渍，会加大幼儿滑倒、摔伤和磕伤的风险。

（2）卫生间内台阶过高，幼儿上下台阶不便，容易导致摔伤、磕伤。如果被小伙伴不小心推一把，就会酿成不可预估的事故。

（3）幼儿年龄小、体形小、重心不稳，如果马桶座圈松动，则会导致幼儿发生后倾摔倒的危险后果。

（4）便池边没有安装扶手，也容易导致幼儿如厕时摔倒。

三、预防如厕环节安全事故的措施

1. 合理组织如厕环节

（1）遇到幼儿如厕人数较多的情况，增派人手或者分工合作。例如，教师照看班级中活动的幼儿，保育员照看正在如厕的幼儿。若人手不够，保教人员应站在盥洗室、卫生间交界处，确保每个幼儿都在视线范围内。教师和保育员要互相配合，时刻做到"放手不放眼，放眼不放心"。

（2）建立如厕规则。小班的如厕规则根据幼儿能力发展情况制订，中、大班的如厕规则由师幼共同制订。教师要在一日生活中对幼儿进行如厕规则的教育和引导，例如将规则编成朗朗上口的儿歌，方便幼儿理解和记忆。

（3）在集体如厕的时候科学分组。一个小组幼儿人数控制在6—8名之间，并根据分组对应分配教师，让着急如厕的幼儿优先如厕，有序组织，见图1-5-4。

图1-5-4

2. 对幼儿进行安全如厕教育

（1）提前带领幼儿参观卫生间，使幼儿熟悉环境及设施，消除幼儿对陌生环境的恐惧感。在卫生间内创设"如厕规则"的环境，例如在卫生间张贴如厕规则图，或在地上贴上防滑"小脚丫"贴。

（2）利用活动和游戏对幼儿进行安全如厕的教育，帮助幼儿建立安全意识。

（3）培养幼儿安全如厕的常规。例如，进入卫生间时先排查脚下是否有水渍，避免滑倒，如果有水渍，及时报告身边的保育员；如厕排队时保持安静，不可以相互推搡、打闹；如厕后要及时整理好衣裤走出卫生间，不逗留，不在卫生间打闹玩耍。

3. 确保卫生间环境安全

（1）每天在幼儿进班前，提前将卫生间地面打扫干净，并进行干燥处理，隔一段时间检查一次，确保地面是干燥整洁的，从源头上避免幼儿如厕时因地面问题滑倒、摔伤。

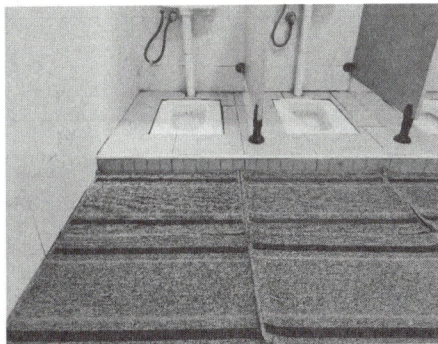

图1-5-5

（2）卫生间地面铺设防滑地垫，定时清洁，保持干燥、干净，避免有异味，也避免因有水渍而导致幼儿滑倒、摔伤，见图1-5-5。

（3）幼儿如厕完毕，再次及时清理厕所。幼儿正在如厕时，避免做任何清理工作，尤其是会用到水的清洁工作，这样也在一定程度上避免事故发生。

任务实施

根据岗位实际情况,结合你获取的信息,制订幼儿如厕安全防护方案。

幼儿如厕安全防护方案

班级:_____
岗位:_____

一、方案制订目的

二、方案制订依据

三、预防幼儿如厕安全问题具体措施(见表1-5-5)

表1-5-5　幼儿如厕安全防护措施

工作内容	防护重点	具体操作

小提示

可以从导致幼儿如厕安全问题的原因、如厕环境存在的安全隐患、实际工作情境等方面,分析阐述制订依据。

评价反馈

请扫描二维码,观看微课,结合微课内容对你的任务完成情况进行打分,请认真思考你的方案有哪些不足并做出完善和优化。

微课 1-5

表 1-5-6　评价表

评价指标	满分	评价等级			等级	分项得分
		优	良	一般		
方案逻辑清晰、表述规范	20	18~20	15~17	12~14		
内容详实,无知识性错误	20	18~20	15~17	12~14		
涵盖工作岗位的每一项工作内容	20	18~20	15~17	12~14		
能结合不同岗位特点,有具体的工作要求	20	18~20	15~17	12~14		
符合实际工作场景,可行性较好	20	18~20	15~17	12~14		

任务 6　午睡的安全防护

　　《3—6 岁儿童学习与发展指南》指出：成人应为幼儿提供合理均衡的营养，保证其充足的睡眠和适宜的锻炼。充足的睡眠可以帮助幼儿神经系统、感觉器官和肌肉得到充分的休息，促进大脑的发育、体格的生长。

　　由于幼儿年龄尚小，自我感知和保护能力不足，午睡时容易发生意外，这就需要保教人员的提醒和保持对入睡幼儿的关注，才能避免意外事故发生，确保幼儿睡眠安全和睡眠质量，促进幼儿健康成长。

学习情境

　　幼儿午睡时，值班的李老师在幼儿上床后，开始巡视幼儿午睡情况并帮助幼儿盖被子。巡视到男孩圈圈的小床时，发现他趴在床上，就提醒他躺好。但是叫了几遍，圈圈都无反应。李老师用手推了推，发现他身体僵硬，伸手一试，发现无鼻息；再摸一下额头，感觉好热。李老师还注意到圈圈的眼睛上翻，眼珠一动不动，她意识到圈圈可能是急性惊厥，立刻叫来了保育员马老师对圈圈实施抢救，并通知了园长和保健医生。两人轮流掐圈圈的人中，因怕圈圈再次抽风会咬破舌头，马老师用劲掰圈圈嘴巴，想塞进一条小毛巾，可圈圈的牙咬得太紧，塞不进去。李老师使劲掐圈圈人中，马老师终于勉强将圈圈的嘴巴掰开一条缝，她毫不犹豫地把自己的手指塞进圈圈的牙缝里。园长和保健医生赶来后，经过十多分钟的抢救，圈圈终于恢复了知觉，大家悬着的心才放了下来。再看看马老师的手指，已经被咬出了深深的血印。圈圈的家长闻讯赶来后，及时带孩子到医院诊治，幸好并无大碍。

学习目标

知识目标

1. 熟悉午睡环节的工作内容及具体操作。
2. 认识午睡环境。
3. 了解午睡环节的开展过程。

能力目标

1. 能发现午睡环节中存在的安全隐患。
2. 能分析午睡环节中存在安全隐患的原因。
3. 能运用午睡环节的安全防护措施对幼儿进行安全防护。

4. 能通过探究学习的方式,结合岗位实际情况初步制订午睡环节安全防护方案。

5. 能通过自主查阅资料解决问题,并能与小组成员合作分工,共同完成任务。

素养目标

1. 有对午睡环节进行安全防护的意识与安全组织活动的能力。

2. 具备对幼儿进行午睡环节安全教育的职业意识。

任务书

案例中两位老师的专业和敬业值得我们钦佩,但也更加提醒我们安全警钟必须长鸣。请你结合岗位实际情况,制订幼儿园午睡环节安全防护方案,以减少幼儿在午睡时的安全问题。

要求

1. 方案要符合幼儿园实际工作情况。

2. 方案要有可操作性,描述要具体。

3. 方案可有效地避免幼儿在午睡环节发生安全事故。

工作计划

想一想,你打算采用什么方法,通过哪些途径,获取哪些方面的知识内容?请你与小组成员协商并制订自己的计划,填入表1-6-1,以便更好地制订方案。

表1-6-1 工作计划表

我需要获取哪方面的知识内容	如何获取	完成时间

获取信息

☆ **引导问题 1** 请你采访身边熟悉的幼儿园保教人员，了解组织幼儿午睡需要做哪些工作，每项工作的具体操作是什么，或结合你的见习经历完成表 1-6-2。你也可以查阅相关资料获取更多信息。

表 1-6-2 信息获取表

幼儿午睡环节工作内容	具体操作

☆ **引导问题 2**　结合引导问题 1,联系所学知识及个人生活经验,认真思考午睡环节的每一项工作内容及具体操作。想一想,每一项工作内容存在哪些安全隐患? 试着完成表 1 - 6 - 3。

表 1 - 6 - 3　信息获取表

工作内容	安全隐患	我的理由

☆ **引导问题 3**　仔细观察幼儿午睡环境,见图 1 - 6 - 1,找一找,哪些地方可能存在安全隐患? 如果有,请把它圈出来,并说明你的理由。

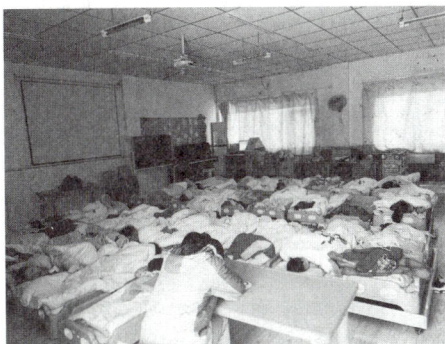

安全隐患：
理由：

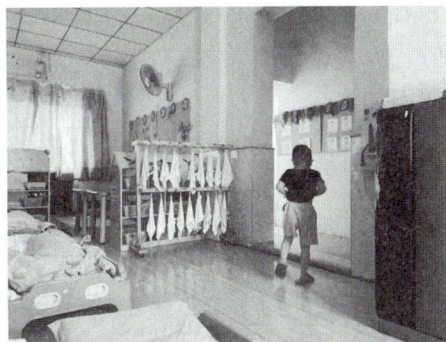

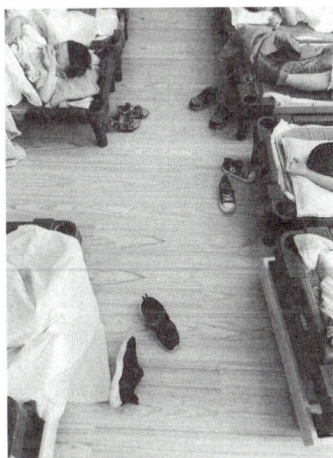

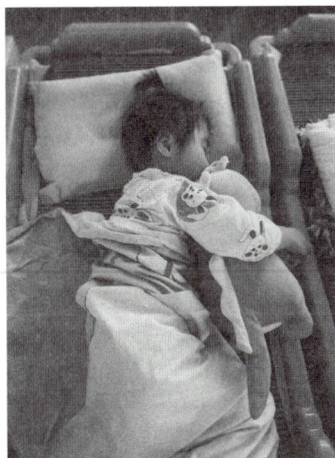

安全隐患：
理由：

安全隐患：
理由：

安全隐患：
理由：

图 1 - 6 - 1

☆ **引导问题4**　容易造成幼儿午睡环节安全事故的原因有哪些？请你阅读以下案例，分析造成幼儿午睡环节安全事故的原因。

案例一　某中班幼儿午睡时想上厕所，但是又害怕惊动老师，忍了很久。最后，憋不住，自己独自从床上下来，不小心被地上的鞋子绊倒了，重重地摔了一跤，头磕在了床沿上，磕破了皮。

原因分析：

案例二　5岁的丁丁很活泼，一次在幼儿园午睡时间，他睡不着就玩起了电动汽车，他发现了电池的开关。好奇的丁丁把电池拿出来玩，玩着玩着就放到嘴巴里，吞了下去。午睡结束后，电动汽车怎么都开不了，丁丁才告诉老师，电池在他的肚子里。老师急忙把他送到了医院。为了避免具有腐蚀性的电池给丁丁造成伤害，消化科医生马上进行手术，通过胃镜将这枚电池取出。

原因分析：

案例三　在某幼儿园中班，园长进班巡查午睡时发现，教师坐在床上看书。有些幼儿的被子已经垂到床沿了，她却视而不见。

原因分析：

☆ **引导问题5**　请回顾学习情境中的案例，结合对午睡环节发生安全事故的原因的分析，请你和小组成员一起头脑风暴，为保教人员提出幼儿午睡安全防护建议措施。

措施1：

措施2：

措施3：

措施4：

措施5：

措施6：

学习支持

一、午睡环节概述

1. 午睡环节安全防护的重要性

高质量的午睡不仅有利于幼儿养成良好的生活习惯,还有助于幼儿身心健康的发展,因此,每个幼儿园都为幼儿安排了 2—3 个小时的午休时间。而近几年频繁发生的幼儿午睡环节安全事故提醒我们,很多幼儿园对幼儿午睡环节的安全缺乏防护意识,同时存在很多错误的做法。午睡是幼儿一日生活中不可缺少的一部分,幼儿午睡管理需要保教人员共同的努力,不可忽视任何一个细节,为幼儿创造一个安全、舒适的午睡环境。

2. 午睡环节的工作内容及组织操作

在幼儿园一日生活中,午睡环节至关重要,良好的午睡习惯及较高的睡眠质量是幼儿下午活动顺利开展的保障,更是幼儿身心发展不可或缺的部分。一般把午睡工作分为 3 个环节:午睡前的准备、午睡中的管理和午睡后的起床整理。具体操作见表 1-6-4。

表 1-6-4　午睡环节工作操作表

工作内容	具体操作	
	保育员	教师
午睡前的准备	1. 提醒幼儿睡前如厕。午睡前,提醒幼儿大小便,排除生理需要对午睡的干扰。注意保教人员合理分工,确保全体幼儿在视线范围内 2. 组织幼儿做好睡前的整理。引导幼儿自觉脱掉鞋袜、外衣,并摆放在相应的位置,整理床铺,摆放好枕头,把被子完全打开后躺下盖好 3. 做好睡前的安全检查。仔细检查幼儿是否将扣子、硬币、沙粒、石子、电池、别针、玻璃制品等各类有危险的物品带在身上或带到床上,避免幼儿午睡时被刺伤或将异物塞入鼻内、耳朵,进而进入器官或肺内,等等 4. 做好和幼儿的情感沟通与互动。午睡期间,与幼儿亲密接触,给予幼儿亲人般的关怀,有效增进幼儿和保育员的情感连接,帮助幼儿尽快入睡	1. 教师合理安排好午睡前的活动。午睡前适宜比较安静、舒缓的活动,比如散步、看书等,避免引起幼儿过度兴奋,影响午睡 2. 与保育员共同做好睡前安全检查 3. 与保育员合理分工、组织并引导幼儿睡前整理 4. 做好与幼儿的情感沟通和记录
午睡中的管理	1. 培养幼儿良好的睡眠习惯。引导幼儿安静入睡,半小时内入睡率应达到 90% 2. 引导幼儿保持正确且舒适的睡眠姿势,不蒙头、不俯卧、不咬被角、不吮吸手指、不玩弄生殖器等,自觉盖好被子 3. 细心观察幼儿的身心状况。注意观察幼儿的情绪状态、精神状态、身体状况。关注幼儿是否有发烧、咳嗽、出汗、踢被子等状况,若发现有需要及时处理;注意观察尿多的幼儿,是否需要提醒如厕;保教人员应该密切关注午睡期间起床上厕所的幼儿,防止幼儿下床时跌倒等 4. 保教人员在幼儿午睡的秩序和安全方面,需要合理分工,确保幼儿午睡过程中的安全	

工作内容	具体操作	
	保育员	教师
午睡后的起床整理	1. 以多种方式轻柔地唤醒幼儿。可以用温柔的声音,轻声唤醒幼儿,或者播放一段轻柔的音乐,引导幼儿逐渐从睡梦中醒来;待大部分幼儿醒来以后再拉开窗帘,并提醒幼儿起床 2. 组织幼儿做好起床整理工作。引导幼儿做好起床整理工作,需要考虑到季节和气温特点。通常,夏天气温高,起床整理的顺序是先整理床铺,再穿戴衣服和鞋袜;冬天气温低,起床整理的顺序通常是半坐在床上,穿好上衣,穿好裤子,穿好鞋袜,最后整理床铺	

二、造成幼儿午睡环节安全事故的原因

1. 保教人员组织不当导致的事故

(1) 幼儿睡前,值班保教人员没有进行午检,包括身体检查和安全检查,导致有些幼儿把细小物品带上床,将细小物品放入口中或鼻中,发生意外事故。

(2) 睡前幼儿打闹、推搡,保教人员无暇顾及而发生意外。

(3) 午睡期间幼儿如厕,保教人员没有查看,导致幼儿独自在卫生间如厕而出现意外。

(4) 上下床时,保教人员没有及时协助,让幼儿自行上下床而发生意外。

(5) 午睡期间,保教人员松懈,未巡视幼儿午睡情况,不能及时发现幼儿的异常,而导致意外的发生。

(6) 午睡前、午睡后,保教人员没有关注特殊幼儿,导致个别幼儿待在室内的某一角落,被保教人员遗忘而导致了事故的发生。

(7) 值下午班的保教人员没有做好交接工作,未及时沟通幼儿情况,导致接班保教人员有所忽视而产生意外。

2. 幼儿自身原因导致的事故

(1) 不正确的睡眠姿势,蒙头睡觉或趴着睡等会导致憋气。

(2) 将细小的、尖锐的物品带上床,并在保教人员没有发现的时候将其塞入耳鼻中,导致事故的发生。

(3) 趁保教人员不注意,站在床上蹦跳,不小心摔下床,意外摔伤、磕伤。

(4) 女孩的头绳、橡皮筋等物品绕幼儿的脖子、腰部、脚腕、手腕等部位,导致窒息或受伤等。

(5) 进餐时,饮食过量或没有将食物咽干净,食物还未消化就入睡,导致食物反流,引起意外事故。

3. 睡眠室设施设备导致的事故

(1) 幼儿的床扶手、梯子有松动,引起意外事故。

(2) 有尖锐物突出等,导致幼儿摔伤、划伤等。

(3) 夏季午睡时,蚊香使用时间、位置不当而导致安全事故。

(4) 床的规格不合适。幼儿睡眠的床高一般不超过30厘米,床周围需有护栏,床的长应是幼儿身长加25厘米,宽约为幼儿肩宽的2倍。幼儿园的床对大部分中小班幼儿来说是

合适的,但对于部分大班幼儿和个别发育较快的中班幼儿来说,有点偏小,需个别关注。

三、预防午睡环节安全事故的措施

1. 保教人员做好幼儿睡前准备工作

(1)午餐后。饭后可带幼儿散步15分钟或者开展其他相对安静的活动,如听故事,提高幼儿的睡眠质量,见图1-6-2。

(2)上床前。清点幼儿人数,确保来园幼儿和午睡幼儿人数一致,不能漏掉一个。

(3)睡前安检。保教人员逐一对幼儿进行睡前安检,防止尖锐、坚硬、细小的带有危险性的物品带入寝室,如豆类、小刀类、发饰品类、扣子、钉子类、线绳类等。

(4)检查是否有发烧幼儿。保教人员需要记住服药幼儿人数、姓名,以便午睡期间特别关照。

(5)睡前如厕。了解每个幼儿上床前的大小便情况。保教人员分工合理,站位得当,一人组织幼儿如厕,另外一人要观察所有幼儿的情况,确保所有幼儿都在视线范围内,见图1-6-3。

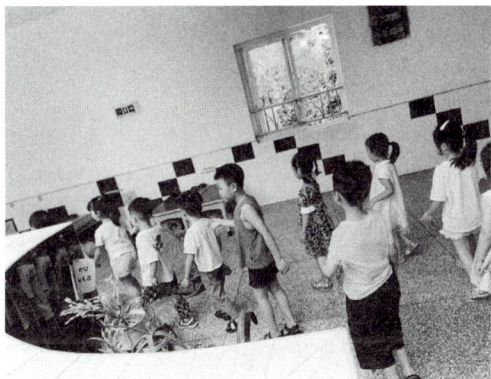 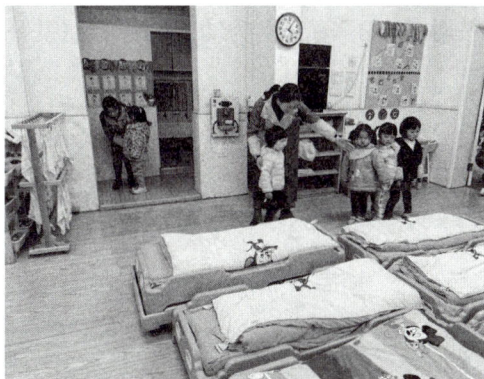

图 1-6-2   图 1-6-3

(6)组织幼儿上床睡觉,督促幼儿脱掉外套(叠好放在床边或挂在指定的地方,保持整洁),同时,督促幼儿放好枕头,盖好被子。

2. 加强管理与组织,重视午睡巡视

(1)首先要给没盖好被子的幼儿盖好被子。

(2)纠正幼儿睡姿(不要趴着睡)。

(3)观察、抚摸患病幼儿是否发烧,关注吃药和体弱多病的幼儿。

(4)安抚难以入睡的幼儿,注意调皮好动的幼儿。

(5)发现幼儿携带危险物品要及时拿开收好。

总的来说,此环节需要保教人员细心观察熟睡幼儿的表情、睡姿和呼吸。巡视工作要做到"一听""二看""三摸""四做"。"一听"是听听幼儿的呼吸声是否正常;"二看"是看看幼儿的神态,严密注视幼儿的举动有无异常,发现问题,及时处理;"三摸"是摸摸幼儿的额头的温度;"四做"是对个别踢被子的幼儿要为其盖好。保教人员在巡视午睡时要关注每一个幼儿的一举一动,确保幼儿午睡安全。

3. 做好幼儿起床期间的工作

（1）播放轻音乐，组织幼儿按时起床。

（2）帮助和指导幼儿穿戴整齐衣物、鞋子，整理床铺。

（3）组织幼儿有序地如厕、盥洗、喝水等，帮助或指导幼儿学习梳头发、系鞋带。要注意保教人员的合理站位，使全部幼儿都在视线范围内。

（4）全面观察幼儿的精神状况，发现异常及时关注和抚慰，并记录情况。

（5）午睡室的整理。幼儿全部离开后，清理午睡室卫生，保持空气流通。如果是一间教室，一名保教人员组织幼儿穿衣、盥洗，两名保教人员搬床铺，注意保持全部幼儿在视线范围内，避免意外发生。

4. 掌握基本的急救方法

《幼儿园教育指导纲要（试行）》明确指出：幼儿园必须把保护幼儿的生命和促进幼儿健康放在首位。保教人员要高度重视幼儿安全，一定要学会一些基本的急救方法，如背部敲击法、腹部推压法、人工呼吸、止血、包扎伤口等，做到有备无患。

5. 培养幼儿良好的睡眠习惯

加强家园共育，培养幼儿良好午睡习惯，如能独立自主入睡、保持正确的睡姿、不饱食入睡、按时起床不等待等，为幼儿的身心健康保驾护航。

任务实施

根据岗位实际情况,结合你获取的信息,制订幼儿午睡安全防护方案。

幼儿午睡安全防护方案

班级:＿＿＿＿＿＿＿

岗位:＿＿＿＿＿＿＿

一、方案制订目的

二、方案制订依据

三、预防幼儿午睡安全问题具体措施(见表 1 - 6 - 5)

表 1 - 6 - 5 幼儿午睡安全防护措施

工作内容	防护重点	具体操作

小提示

可以从导致幼儿午睡安全问题的原因、午睡环境存在的安全隐患、实际工作情境等方面,分析阐述制订依据。

评价反馈

请扫描二维码,观看微课,结合微课内容对你的任务完成情况进行打分,请认真思考你的方案有哪些不足并做出完善和优化。

微课 1-6

表 1-6-6　评价表

评价指标	满分	评价等级			等级	分项得分
		优	良	一般		
方案逻辑清晰、表述规范	20	18~20	15~17	12~14		
内容详实,无知识性错误	20	18~20	15~17	12~14		
涵盖工作岗位的每一项工作内容	20	18~20	15~17	12~14		
能结合不同岗位特点,有具体的工作要求	20	18~20	15~17	12~14		
符合实际工作场景,可行性较好	20	18~20	15~17	12~14		

任务 7　服药的安全防护

　　幼儿抵抗能力差,一年四季,幼儿带药入园的情况很常见。当幼儿出现身体不适的时候,在不妨碍其正常活动的情况下,家长会为幼儿携带符合要求的药品来园,委托保教人员管理和喂药。相对于其他幼儿园一日生活环节而言,幼儿在园服药环节只涉及个别幼儿,但因用药剂量错误、服用方式错误、喂药方法不当等导致幼儿不良反应的事件发生率居高不下。因此,保教人员要加强对药物管理组织及相关工作的学习,针对幼儿服药这一环节做好安全防护措施,确保幼儿身体健康。

学习情境

　　星期三下午 2 点 30 分,中 A 班的幼儿在悦耳的音乐声中起床穿衣。瑞瑞跑到保育老师面前说:“李老师,浩浩是个大懒猫,怎么叫都不起床。”老师来到浩浩的床前,发现浩浩一副沉睡的样子,怎么也叫不醒,保育员李老师马上意识到事情的严重性,通知了保健医生和园长。园长和保健医生赶到现场后立刻把浩浩送往医院,并通知家长。原来,今天早上浩浩妈妈送浩浩来园时,和班主任交代:午睡前让浩浩把带来的药全部吃掉。班主任把家长的要求转达给了保育老师。午睡前,保育老师在给浩浩服药之前发现药袋上的服用剂量和药的实际数量有出入,于是打电话问浩浩妈妈:“浩浩的药需要吃多少?”当时浩浩妈妈正忙于工作,只是说:“把带来的药全部吃掉。”于是保育老师就让浩浩把带来的药全部服完,之后就出现了浩浩沉睡不醒的现象。所幸,经抢救,浩浩脱离了危险。

学习目标

知识目标

1. 熟悉服药环节的工作内容及具体操作。
2. 认识幼儿常用药品名称和作用。
3. 了解服药环节的开展过程。

能力目标

1. 能发现服药环节中存在的安全隐患。
2. 能分析服药环节中存在安全隐患的原因。
3. 能运用服药环节的安全防护措施对幼儿进行安全防护。
4. 能通过探究学习的方式,结合岗位实际情况初步制订服药环节安全防护方案。

5. 能通过自主查阅资料解决问题,并能与小组成员合作分工,共同完成任务。

素养目标

1. 在服药环节具备安全防护意识。
2. 具备对幼儿服药环节进行安全教育的职业意识。

任务书

为了保障幼儿服药安全,保教人员应当重视幼儿服药环节的安全防护。请你结合岗位实际,制订服药环节安全防护方案,以预防幼儿在服药时出现安全问题。

要求

1. 方案要符合幼儿园实际工作情况。
2. 方案要有可操作性,描述要具体。
3. 方案可有效地避免幼儿在服药环节发生安全事故。

工作计划

想一想,你打算采用什么方法,通过哪些途径,获取哪些方面的知识内容?请你与小组成员协商并制订计划,填入表 1-7-1,以便更好地制订方案。

表 1-7-1　工作计划表

我需要获取哪方面的知识内容	如何获取	完成时间

获取信息

☆ **引导问题 1**　请你上网查阅资料，寻找近 3 年国内幼儿园服药安全事故典型案例 1 个；充当小小安全播报员，在全班宣讲。并结合案例说说服药环节安全防护的重要性。

服药环节安全事故案例：

服药环节安全防护的重要性：

☆ **引导问题 2**　你了解幼儿常用药品和功效吗？请你查阅相关资料，将下列药物类别和药品名称正确连线。

退烧药物	妈咪爱
感冒药物	美林滴剂
祛痰止咳药	小儿止咳糖浆
抗菌药物	小儿伤风速效冲剂
助消化药物	思密达
治疗腹泻药物	头孢拉定
抗过敏药物	开瑞坦糖浆
维生素类	维生素 B_2
外用药物	红花油

☆ **引导问题3** 请你采访身边熟悉的幼儿园保教人员,了解组织幼儿服药活动需要做哪些工作,每项工作的具体操作是什么,或结合你的见习经历完成表1-7-2。你也可以查阅相关资料获取更多的信息。

表1-7-2 信息获取表

幼儿服药环节工作内容	具体操作

☆ **引导问题 4** 结合引导问题3,联系所学知识及个人生活经验,认真思考服药环节的每一项工作内容及具体操作。想一想,每一项工作内容存在哪些安全隐患? 试着完成表1-7-3。

表1-7-3 信息获取表

工作内容	安全隐患	我的理由
其他思考		

☆ **引导问题 5** 仔细观察幼儿服药的场景,见图 1-7-1。找一找,哪些地方可能存在安全隐患? 如果有,请把它圈出来,并说明理由。

安全隐患:

理由:

安全隐患:

理由:

图 1-7-1

☆ **引导问题 6** 容易造成幼儿服药环节安全事故的原因有哪些? 请你阅读以下案例,分析造成幼儿服药环节安全事故的原因。

案例一 某幼儿园老师给一名不到三岁的幼儿喂药时,一次喂了 35 毫升的药,导致幼儿药物中毒。经调查发现真实情况是幼儿家长在登记用药剂量时,误将 3.5 毫升写成了 35 毫升。

原因分析:

案例二 明明午睡期间拿出一颗"糖"给李老师吃,李老师一看原来是药,吓得李老师赶忙询问明明药是从哪里来的,原来明明看到爷爷在吃,就偷偷装了几颗带到了幼儿园。幸好被李老师发现,有惊无险。

原因分析:

☆ **引导问题 7** 请回顾学习情境中的案例,如果你是保教人员,在日常教育中该如何预防该事件的发生? 请你在班上作主题演讲。

学习支持

一、服药环节概述

1. 服药环节安全防护的重要性

3—6岁幼儿生长发育迅速,各系统发育还不够成熟,生理功能也不完善,经常生病需用药。尤其是换季的时候,是幼儿生病的高发期,所以经常有幼儿带药入园。

在幼儿园中,我们经常观察到这样的现象:一些花花绿绿的药品会让幼儿误认为是糖而吃进肚子里;有些幼儿看见别人吃药觉得很好玩,自己也偷偷地吃药;有的幼儿感觉到教师喂药是得到关爱的表现,因此装病,要求家长拿一些药来园吃;还有一些由于家长和幼儿园交接不清楚导致幼儿服药出现了偏差;保教人员因为某些原因忘了给幼儿服药等。这些现象都给幼儿在园服药造成了安全问题。所以,幼儿园服药组织和管理需要保教人员的共同努力,提高重视程度,不能忽视任何一个细节,以免对幼儿造成伤害。

2. 服药环节工作内容及操作

首先,教师应主动与家长交流幼儿园的服药管理规定,请家长积极配合。家园双方严格执行幼儿园制订的服药流程,从而保障幼儿在园服药的安全。其次,教师也应照顾好生病幼儿的穿衣、吃饭、睡眠等环节,使幼儿服药的效果最大化。

保教人员是幼儿服药过程的实施人员,除了要明确地按照服药登记表照顾幼儿服药,还应管理好药品,防止幼儿误食误用;明确幼儿进行服药的要求;细心观察幼儿服药后的状况,及时给家长反馈信息。具体操作见表1-7-4。

表1-7-4　服药环节工作操作表

工作内容	具体操作	
	保育员	教师
服药前的准备	1. 接受药品。请家长认真登记药品后,应把"服药登记表"和药品放在一起亲自送到幼儿当班教师手中,不得委托他人及幼儿带药。药品要放在原包装盒中,不能简单地用纸袋包药品 2. 核对药品。接到药品后要认真检查药品的有效期、药瓶标签与"服药登记表"是否吻合,并与家长共同核对填写的服药登记是否清楚 3. 存放药品。保育员协助当班教师做好核对工作,将幼儿的药品对号放好,不能将多名幼儿的药品混在一起。药品箱(袋)应置于幼儿触摸不到的地方 4. 了解掌握用药常识	
服药中的组织与指导	1. 分工明确。主班教师在给幼儿服药时,保育员要照顾好其他幼儿 2. 协助教师喂药。保育员协助并提醒其用药规范 3. 用药后多喝水。不能用茶水、牛奶、果汁等送服药品	1. 分工明确。保育员在照顾其他幼儿时,主班教师要专心做好喂药工作,不能马虎大意 2. 规范喂药。教师应严格按家长的服药登记给幼儿服药。看护幼儿将药品完全服下;冲剂帮幼儿搅匀,片剂帮幼儿压碎或整片送服 3. 帮助幼儿疏导用药时的不良情绪

续　表

工作内容	具　体　操　作	
	保育员	教师
服药后的整理	1. 做好服药后的观察与记录。幼儿服用药物后，不能立即从事剧烈活动、进食、睡眠等 2. 做好药品存放与处理。妥善放置药盒、药瓶，避免幼儿因为好奇吃掉残留药品	1. 离园时教师和幼儿家长沟通。服药幼儿离园时，教师要将服药幼儿服药前和服药后的观察情况如实跟家长交流汇报，以便家长根据幼儿的实际病情，更好地采取相应的诊治措施，帮助幼儿早日恢复健康 2. 教师将剩余药品整理好，请家长及时带回，并清理药袋

二、幼儿服药的基础知识

1. 幼儿在园服药情况类型

（1）常见小病。此类幼儿通常都是患一些常见小病，比如普通感冒、咳嗽等。病情并不影响幼儿正常在园活动。因此，家长为了不耽误幼儿的治疗，就会携带治疗的药品，请保教人员协助幼儿在园服药。换季时节和假期过后，是幼儿服药的高发期，幼儿在园服药的人数会明显上升。有的幼儿需要同时服用多种药品，有的幼儿需要早、午依次服用，有的幼儿是需要根据情况随时服用。每个幼儿的服药需求是不同的。因此，教师要时刻记录每位幼儿服药的准确信息，才能不漏喂、不错喂。

（2）体弱易敏。体弱易过敏的幼儿的体质比较特殊，比普通幼儿的体质更加敏感，对某些特定的食物和环境的反应强烈。许多家长会在入园时，告知教师幼儿需要避免接触到的食物、药物和环境，避免让幼儿接触到过敏源，并根据幼儿身体状况为其准备抗敏药物。

2. 幼儿常用药物类型

幼儿常用药物见表1－7－5。

表1－7－5　幼儿常用药物

常见症状	常　用　药　物
轻微感冒（喷嚏、流涕）	保婴丹（适用于风寒感冒）、牛磺酸颗粒（适用于风热感冒）、珠珀猴枣散、小儿宝泰康（适用于风热）、小儿感冒颗粒、馥感啉口服液、小儿金丹（中药）
感冒、发热	双黄连口服液、好娃娃感冒颗粒（小儿新）、牛磺酸颗粒、保婴丹
咳嗽、多痰	小儿止咳糖浆（露）、清肺化痰颗粒、沐舒坦、小儿消积止咳口服液、保婴丹、猴枣牛黄散、健儿清解液
严重鼻塞、脓涕	鼻渊舒、0.5％麻黄素滴鼻（禁用萘甲唑啉）
退烧	泰诺林、美林、臣功再欣、小儿退热贴
发热、扁桃体炎（咽炎）	小儿咽扁冲剂

续　表

常见症状	常用药物
腹泻	妈咪爱、金双歧、思密达、乳酸菌素、丽珠肠乐
睡眠不宁	保婴丹、猴枣散、醒脾养儿颗粒
湿疹	尤卓尔、肤乐霜、舒肤特、炉甘石洗剂、紫草油
磕碰擦外伤、烫伤	万花油、好得快喷剂、完美芦荟胶、京万红

注：此表内涉及的药物名称仅供参考，非广告用途

三、造成服药环节安全事故的原因

1. 家长和保教人员交接不清导致的事故

(1) 家长急于上班，没有按要求填写“服药登记表”，也没有亲手将药物递交给保教人员，造成保教人员不了解幼儿的病情，不知如何帮助幼儿服药。服药登记表见图 1－7－2。

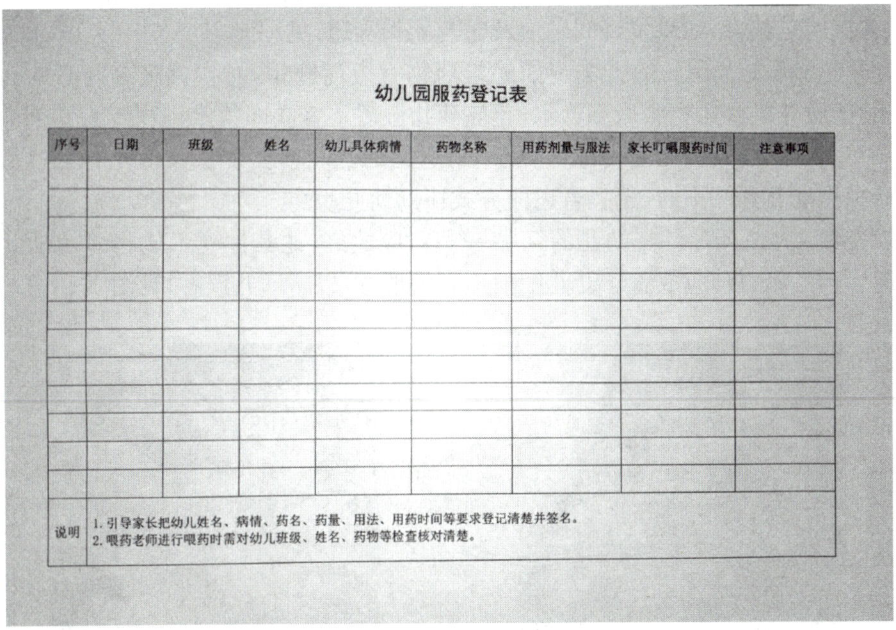

幼儿园服药登记表

序号	日期	班级	姓名	幼儿具体病情	药物名称	用药剂量与服法	家长叮嘱服药时间	注意事项
说明	1. 引导家长把幼儿姓名、病情、药名、药量、用法、用药时间等要求登记清楚并签名。 2. 喂药老师进行喂药时需对幼儿班级、姓名、药物等检查核对清楚。							

图 1－7－2

(2)“服药登记表”中关于服药的剂量和时间填写不清，而保教人员又忙于来园接待，未能及时发现问题。

(3) 保教人员没有将幼儿与应服的药品一一对应，造成错服、漏服。

(4) 家长没有检查所带药品的保质期，而将过期药品交给保教人员。

2. 保教人员原因导致的事故

(1) 保教人员没有与家长沟通幼儿的病情和服药情况，不了解服药的基本方法，造成服药顺序、服药方法与家长要求不一致，而影响药效，并出现影响幼儿身体健康的情况。

（2）没有把每个幼儿带来的药物分开放置，造成药品混乱而出现错服、漏服的情况。

（3）因工作疏忽、上下班交接不清、遗忘等原因，而发生幼儿误服、漏服的情况。

（4）没有——核对每个幼儿的药品，而造成幼儿错服药物。

（5）未及时清理药品柜，造成药品混乱而产生安全隐患。

（6）未将药品放置在合理位置，导致幼儿自行服用。

3. 幼儿自身导致的事故

（1）幼儿把药物当成糖果分享给其他的同伴，保教人员没有及时发现并制止。

（2）幼儿服药时，拿着药品四处走动，不小心将药品掉在地上，被其他幼儿捡起误食而导致意外发生。

四、预防服药环节安全事故的措施

1. 保教人员做好服药前期准备工作

（1）接受服药登记表和药品。保教人员请家长填写"服药登记表"，并检查服药登记表信息是否登记完整，是否和家长所带药品一致。

（2）核对药品。认真检查药品的原包装盒、药品的有效期等，并根据家长填写的"服药登记表"再次清点核实，如果发现问题应及时与家长沟通，见图 1-7-3。

（3）提前了解幼儿用药的方法。如健胃药物宜饭前服用，对胃黏膜有刺激的药物宜于饭后服用；磺胺等发汗药物服后多饮水；止咳药物服后不宜立即饮水；服酸剂、铁剂应用吸管吸入，要避免接触牙齿，服后立即漱口；服用易过敏的药物前要确认该幼儿有无过敏史。保教人员需根据幼儿药品不同，选择合适的方式协助幼儿服药。

（4）按要求存放药品。将幼儿的药品——对应放好，尤其注意不能将多名幼儿的药品混在一起。药品箱（袋）应放置于幼儿触摸不到的地方，以防幼儿误吞，见图 1-7-4。

图 1-7-3

图 1-7-4

2. 加强幼儿服药环节的管理与组织

（1）分工明确，配合到位。主班教师在给幼儿服药时，配班教师要照顾好其他幼儿。所有幼儿都必须在视线范围内，防止出现其他安全事故。主班教师要专心做好喂药工作，不能三心二意。

（2）做好幼儿服药期间的照顾。保教人员必须看护幼儿将需服用的药品完全服下，防止幼儿把药物分享给其他同伴。建议由教师和保育员配合喂药，一是相互提醒，注意喂药规范，二是相互证明，帮助幼儿按规范流程服药。

（3）做好服药前后的观察与记录。幼儿服用药物后，不能立即从事剧烈活动、进食、睡眠等，以免影响服药效果。

（4）照顾好幼儿。包括穿衣、吃饭、睡眠等环节，使服药的效果最大化。

（5）做好剩余药品存放与处理。在幼儿每天离园前，整理幼儿当天服用后剩余的药品，请家长及时带回，并清理药袋。

（6）离园时和家长沟通。当班教师要将幼儿服药前和服药后的观察情况如实与家长交流、汇报，以便家长更好地帮助幼儿康复。

3. 培养幼儿安全吃药的意识

药品是幼儿日常经常接触的物品，花花绿绿的药品会让幼儿误认为是糖而吃进肚子里。所以保教人员不仅要加强药品的管理，同时也要有意识地教导幼儿服药安全常识。帮助幼儿了解一些药品的常识和吃药的安全常识，提高幼儿的安全意识，预防悲剧的发生。

4. 家园合作，保障幼儿服药安全

应该充分发挥家园合力，请家长配合幼儿园的服药管理规定，家园双方严格执行幼儿园制订的服药流程，从而保障幼儿在园服药的安全。

任务实施

根据岗位实际情况,结合信息获取,制订幼儿服药安全防护方案。

幼儿服药安全防护方案

班级:＿＿＿＿＿＿＿

岗位:＿＿＿＿＿＿＿

一、方案制订目的

二、方案制订依据

三、预防幼儿服药安全问题具体措施(见表 1-7-6)

表 1-7-6　幼儿服药安全防护措施

工作内容	防护重点	具体操作

小提示

可以从造成幼儿服药安全问题的原因、服药环境存在的安全隐患、实际工作情境等方面,分析阐述制订依据。

评价反馈

请扫描二维码,观看微课,结合微课内容对你的任务完成情况进行打分,请认真思考你的方案有哪些不足并做出完善和优化。

微课 1-7

表 1-7-7 评价表

评价指标	满分	评价等级			等级	分项得分
		优	良	一般		
方案逻辑清晰、表述规范	20	18～20	15～17	12～14		
内容详实,无知识性错误	20	18～20	15～17	12～14		
涵盖工作岗位的每一项工作内容	20	18～20	15～17	12～14		
能结合不同岗位特点,有具体的工作要求	20	18～20	15～17	12～14		
符合实际工作场景,可行性较好	20	18～20	15～17	12～14		

任务 8　离园的安全防护

幼儿园的离园环节是幼儿在园一日活动中最后一个环节,一般包括离园前活动和离园时家长接孩子回家等活动。离园环节是成人和幼儿都容易放松的时刻,因此也增加了此环节发生安全事故的风险。如一些教师和家长交谈时忽略了一旁的幼儿;幼儿在离园时刻,想到父母要来接,比较兴奋,班级容易松散混乱;一些幼儿因奔跑、拥挤造成摔伤;甚至有一些幼儿园因接送制度的不严格,给了外来人员浑水摸鱼的机会。

只有合理有效地组织离园活动,在放松的同时保持秩序,才能保证幼儿安全离开幼儿园。怎样才能做好离园的安全防护呢? 我们一起来学习吧。

学习情境

萱萱妈妈来幼儿园接孩子,可是王老师却说萱萱已经被姑姑接走了,萱萱妈妈说并没有让姑姑来接孩子。王老师一听就紧张了,立即和萱萱妈妈一起去找孩子,可问了一圈都不清楚孩子去哪儿了。萱萱妈妈联系了所有的亲朋好友,仍没有找到萱萱。幼儿园得知情况后,迅速安排其他教师一起寻找孩子。几个小时后,才发现萱萱被小区的邻居接走了。因为萱萱和邻居家的明明是好朋友,两个小朋友想一起玩,所以邻居一起接走了。萱萱平时叫邻居姑姑,看着萱萱和她们亲近的样子,王老师也没多想就让邻居将萱萱接走了,好在有惊无险。

学习目标

知识目标

1. 熟悉离园环节的工作内容及具体操作。
2. 认识离园环节的环境。
3. 了解离园环节的开展过程。

能力目标

1. 能发现离园环节中存在的安全隐患。
2. 能分析离园环节存在安全隐患的原因。
3. 能运用离园环节安全防护措施,对幼儿进行安全防护。
4. 能通过探究学习的方式,结合岗位实际情况初步制订离园环节的安全防护方案。
5. 能通过自主查阅资料解决问题,并能与小组成员合作分工,共同完成任务。

素养目标

1. 有对幼儿离园环节进行安全防护的意识与安全组织活动的能力。
2. 具备对幼儿进行离园环节安全教育的职业意识。

任务书

幼儿安全离园离不开保教人员对幼儿离园安全防护的重视，请你结合所学知识和岗位实际情况，制订离园环节安全防护方案，以避免幼儿在离园时出现安全问题，让幼儿安全回到家长的怀抱。

要求

1. 方案要符合幼儿园实际工作情况。
2. 方案要有可操作性，描述要具体。
3. 方案可有效地避免幼儿在离园环节发生安全事故。

工作计划

想一想，你打算采用什么方法，通过哪些途径，获取哪些方面的知识内容？请你与小组成员协商并制订自己的计划，填入表1-8-1，以便更好地制订方案。

表1-8-1　工作计划表

我需要获取哪方面的知识内容	如何获取	完成时间

获取信息

☆ **引导问题 1**　你知道保教人员在离园环节有哪些工作内容吗？请你查阅资料，结合经验，认真思考离园环节的工作内容和具体操作，尝试完成表 1-8-2。

表 1-8-2　信息获取表

幼儿园离园环节工作内容	具体操作

☆ **引导问题 2** 结合引导问题 1,联系所学知识及个人生活经验,认真思考幼儿离园环节的每一项工作内容及具体操作。想一想,每一项工作内容有哪些安全隐患?试着完成表1-8-3。

表 1-8-3 信息获取表

工作内容	安全隐患	我的理由

☆ **引导问题 3**　仔细观察下方幼儿离园的场景，见图 1-8-1，找一找，哪些地方可能存在安全隐患？如果有，把它圈出来，并说明理由。

安全隐患：
理由：

安全隐患：
理由：

图 1-8-1

☆ **引导问题 4**　容易造成幼儿离园环节安全事故的原因有哪些？请你阅读以下案例，分析造成幼儿离园环节安全事故的原因。

案例一　今天奶奶来接明明，明明请求奶奶让他在幼儿园的户外活动场地多玩一会儿。刚好奶奶遇到了一位熟人，由于有段时间未见，两人就在户外活动场地的一边站着闲聊。奶奶看明明玩得很开心，也就放心和朋友聊了起来。过了一会儿，奶奶准备带明明回家了，一转头才发现明明早已经不在原地了，顿时慌了。奶奶急忙找到老师，通过广播寻找明明，还请其他人分头寻找，并且立即告诉明明父母。好在明明听到广播，从幼儿园的一个小角落回到户外活动场地，奶奶这才放下心来。

原因分析：

案例二 离园时间,毛毛看着小朋友们一个个被接走,一直心神不宁,焦急地等待妈妈。天色越来越暗,毛毛隐隐看见妈妈来了,他高兴地和王老师说:"妈妈来了。"王老师抬头一看,像是毛毛妈妈,就让毛毛出去。毛毛走近一看却发现不是自己的妈妈,想回到活动室,但活动室门口全是拥挤的家长,小小的毛毛根本就挤不进去。毛毛就打算自己一个人回家。

毛毛妈妈到幼儿园来接孩子的时候,王老师才知道毛毛和自己认错人了。出了这么大的问题,王老师立即向毛毛妈妈讲清事情的原委,同时交代其他老师照看好其他孩子,一起和毛毛妈妈出去找毛毛。

在回家的路上,她们终于发现了正准备过马路的毛毛,看到毛毛安全,王老师和妈妈终于松了一口气,但心里仍然一阵后怕。

原因分析:

☆ **引导问题5** 请回顾学习情境中的案例,如果你是保教人员,在日常教育教学中会如何引导幼儿来预防该事件的发生? 请你用角色扮演的方式展示。

学习支持

一、离园环节概述

1. 离园环节的意义

离园是幼儿在园一日生活的结束,也是幼儿放松整理的环节。经历了幼儿园一天的丰富生活,幼儿获得了很多感受与体验。合理有效地组织离园环节,不仅是保证幼儿安全离园的基础,也可以发挥出离园活动的教育价值。

离园活动作为幼儿园一日生活中的重要组成部分,蕴含着促进幼儿社会适应等方面的教育价值。如在离园前,保教人员引导幼儿学会整理自己的物品、遵守规则等。同时,离园活动也为保教人员进行随机教育提供了机会和情境。

2. 离园环节安全防护的重要性

离园是幼儿结束一日在园生活,由保教人员组织,陆续离开幼儿园回归家庭的过渡环节。在这一环节,幼儿园人员密集,状态混乱,稍不注意危险就会发生。

离园环节最容易产生安全问题的原因是教师与家长对幼儿的交接不到位,其次是离园组织不到位和保教人员间交接不到位。因此,保教人员必须规范组织离园活动,保证幼儿安全离园。

3. 离园环节的工作内容及操作

离园环节主要有离园前活动、离园准备、组织离园等工作内容,具体操作见表1-8-4。

表1-8-4　离园环节工作操作表

工作内容	具体操作	
	保育员	教师
离园前活动	协助教师开展离园前活动,帮助幼儿保持积极稳定的情绪,总结、鼓励幼儿的进步	组织离园前的安静活动,帮助幼儿稳定情绪,总结、鼓励幼儿的进步
离园准备	1. 协助教师,帮助幼儿整理服装,提醒幼儿收回需要带回家的物品 2. 关注幼儿情绪,协助教师安抚幼儿	1. 帮助幼儿整理衣物等,做好离园准备 2. 关注幼儿情绪,用多种方式安抚幼儿 3. 利用教育契机对幼儿进行随机教育,培养良好的卫生和行为习惯
组织离园	1. 协助教师稳定幼儿情绪,确保幼儿安全 2. 协助教师严格确认家长身份,有重点地和个别家长交接和沟通 3. 主动与幼儿、家长告别,引导幼儿告别,有序离园,协助维持离园秩序 4. 幼儿离园后,做好室内外清洁卫生、安全检查工作和第二天的准备工作	1. 合理站位,带着微笑面对家长与幼儿 2. 严格确认家长身份,与家长交接 3. 主动与幼儿、家长告别,组织幼儿安全有序离园 4. 利用合理时机,接待需要个别沟通的家长 5. 幼儿离园后,整理活动物品,检查班级环境,做好第二天活动的准备

二、造成离园环节安全事故的原因

一般说来,造成幼儿离园安全事故的原因,主要有以下两个方面:一方面是保教人员组织和安排不当造成事故,如与家长交接不到位等;另一方面是家长的安全意识薄弱,不够重视离园环节,造成疏漏。

1. 保教人员组织不当

(1)未做好幼儿离园准备。离园时间一到,门口挤满急着接孩子回家的家长,保教人员在没有做好准备的情况下,仓促组织幼儿离园,容易忽视幼儿,忙中出错。在离园时,幼儿也处于放松的状态,急切想回家,保教人员对离园前活动组织不到位,也会导致意外的发生,见图 1-8-2。

(2)未做好幼儿情绪安抚工作和离园安全教育。要离园时,幼儿的情绪激动,保教人员没有及时稳定幼儿情绪,导致幼儿在离园过程中发生危险。

(3)保教人员分工不明确,站位不合理。当家长在教室门口依次接孩子时,还没被接走的幼儿可能会趁保教人员不注意,在教室内兴奋地跑来跑去。还有的幼儿看到班里其他小朋友被接走,会焦急地在班级门口处等,趁保教人员不注意时跟随其他幼儿一起溜出班级,见图 1-8-3。

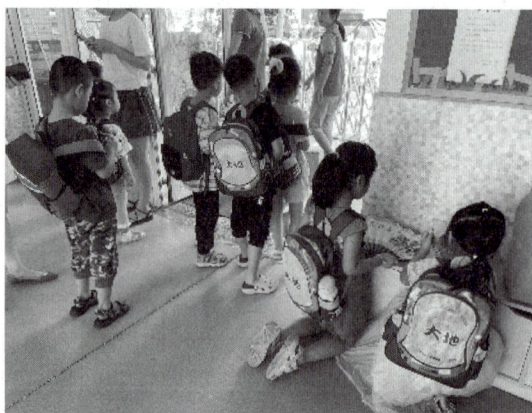

图 1-8-2　　　　　　　　　　　图 1-8-3

(4)与家长交接不当。一般情况下,家长接孩子的时间相对集中,聚集的家长过多,门口非常拥堵,这给幼儿的顺利离园造成一定的障碍,可能会引发危险。在手忙脚乱中,保教人员可能没有完全确认身份就让他人接走孩子,可导致幼儿处于危险的境地。也有可能在家长众多的情况下,没有将幼儿亲手交到家长手中,导致幼儿出现意外。

2. 家长对离园环节的不重视

(1)家长随意找人代接,没有固定的家庭成员接送孩子。部分家长无法亲自到幼儿园来接孩子回家,就随意找邻居、熟人来代接孩子,导致部分幼儿离园事故。如经常换人来接但未及时告知保教人员,幼儿也不认识,不愿意跟其回家,幼儿情绪激动导致事故发生。

(2)让幼儿离开自己的视线范围。比如有时家长会在离园过程中和他人交流,忘记看护幼儿,使幼儿脱离自己的视线或者放任幼儿嬉戏,发生危险。

三、预防离园环节安全事故的措施

1. 做好离园准备

（1）帮助幼儿整理衣物，提醒幼儿不要忘记需要带回家的物品。

（2）组织离园前的活动，稳定幼儿情绪，离园前与幼儿亲切互动。

2. 合理组织离园环节

（1）合理分工，科学站位。保教人员要注意看护幼儿安全下楼或离园，做好人数清点工作，以免幼儿处于松散状态发生安全事故。

（2）仔细确认来接人员身份后再放行。保教人员要仔细核对来接幼儿人员的身份，严防幼儿被错接，严防外来人员冒领、骗领幼儿，造成伤害事故。若有人代接，一定要和原接送者联系，确认身份后方能让其接走幼儿。

（3）热情周到，做好交接，礼貌地和家长与幼儿告别。与个别家长交流，时间不能过长，以免因为看护不到位出现安全事故。

（4）离园整理。待幼儿离园后再离开，离园前做好消毒、电器管理、门窗检查等工作。

3. 引导幼儿注意离园环节的安全事项

（1）开展安全教育，增强幼儿安全意识。平时应该对幼儿进行安全教育，提高幼儿安全意识，增强幼儿自我保护能力，比如不能跟陌生人离园、安静等待离园等。

（2）引导幼儿熟悉离园环节的流程和应做事项。如有序地收拾和整理玩具和用品，将桌椅放回原地等；听到保教人员叫自己的名字时再往外走，离园时和大家告别后再离开；离园后不在幼儿园逗留、玩耍。

4. 家园协作，保障幼儿安全离园

为了让幼儿安全地回到家长身边，应该家园协作，共同保障幼儿安全离园。比如，家长要严格遵守接送和离园制度，不随意找人代接，教育孩子安静等待，平时注意提高孩子的自我保护意识和能力。

任务实施

根据岗位实际情况,结合你获取的信息,制订幼儿离园安全防护方案。

幼儿离园安全防护方案

班级:_____

岗位:_____

一、方案制订目的

二、方案制订依据

三、预防幼儿离园安全问题具体措施(见表1-8-5)

表1-8-5 幼儿离园安全防护措施

工作内容	防护重点	具体操作

小提示

可以从造成幼儿离园安全问题的原因、离园安全隐患、实际工作环节等方面分析阐述制订依据。

评价反馈

请扫描二维码,观看微课,结合微课内容对你的任务完成情况进行打分,请认真思考你的方案有哪些不足并做出完善和优化。

微课 1-8

表 1-8-6　评价表

评价指标	满分	评价等级			等级	分项得分
		优	良	一般		
方案逻辑清晰、表述规范	20	18～20	15～17	12～14		
内容详实,无知识性错误	20	18～20	15～17	12～14		
涵盖工作岗位的每一项工作内容	20	18～20	15～17	12～14		
能结合不同岗位特点,有具体的工作要求	20	18～20	15～17	12～14		
符合实际工作场景,可行性较好	20	18～20	15～17	12～14		

项目二　幼儿园室内、户外、外出活动中的安全防护

　　幼儿的安全是幼儿园的首要工作，是其他一切工作的基础。在幼儿园中，幼儿是活动的个体，除了生活活动外，幼儿还要参与学习、游戏、运动等教师有组织有计划地引导下开展的教育活动。在这些活动中，适宜的环境条件、活动材料、教师组织策略均是确保幼儿安全活动的重要因素。

　　《幼儿园教育指导纲要（试行）》中明确提出：幼儿园必须把保护幼儿的生命和促进幼儿的健康放在工作的首位。幼儿年龄小，缺乏生活经验，动作发展还不完善，在活动中容易受到伤害。因此要密切关注幼儿在活动中存在的安全隐患，预设防范措施，确保幼儿活动安全。

　　针对幼儿的年龄特点和个体特征，在各类活动中确保环境材料安全卫生，合理组织幼儿活动，对幼儿进行安全教育，逐步增强幼儿的安全意识，明确各类活动的安全常规要求，确保幼儿室内、户外、外出活动中的安全。

学习目标

知识目标

1. 熟悉室内活动、户外活动、外出活动的工作内容。
2. 认识室内活动、户外活动、外出活动的环境。
3. 了解室内活动、户外活动、外出活动的开展情况。

能力目标

1. 能发现室内活动、户外活动、外出活动中存在的安全隐患。
2. 能分析室内活动、户外活动、外出活动中存在安全隐患的原因。
3. 能运用各类活动中的安全防护措施对幼儿进行安全防护。
4. 根据岗位实际情况初步制订室内活动、户外活动、外出活动的安全防护方案。
5. 能够通过自主查阅资料解决问题,并能与小组成员合作分工,共同完成任务。

素养目标

1. 在室内活动、户外活动、外出活动中具备安全防护意识。
2. 有在室内活动、户外活动、外出活动中培养幼儿安全行为习惯的职业意识。

任务 1 室内活动的安全防护

幼儿园室内活动主要包括生活活动、区角游戏活动与集体教学活动等在幼儿园室内开展的活动(本任务中的室内活动仅涉及幼儿园区角游戏活动与集体教学活动),需要保教人员有计划、有目的、有组织地开展与实施。

由于幼儿园室内面积有限,游戏区域设置占据了大量活动空间,游戏材料种类多,幼儿年龄小,动作发展不够完善,在室内活动的开展中,如果保教人员忽视细节、组织不当、安全排查不到位,都可能导致意外事故的发生。因此,保教人员在活动前、活动中、活动后要时刻保持安全防范意识,做好安全防护措施,避免室内活动安全事故的发生。

学习情境

李老师在工作第二年担任小班教师。自从进入小班,李老师就遇上各种安全事故。一次美术活动中,幼儿围坐在一体机面前,李老师引导幼儿欣赏完手指点画作品后,对幼儿说:"宝贝们,到后面的桌子上去画画吧。"幼儿一窝蜂似的端着小椅子涌向教室后面的桌子。一名幼儿摔倒了,嘴角磕在椅子脚上,瞬间就流出血来。区域游戏中,一名幼儿取了剪刀剪纸玩,一不小心手指被剪破了。

学习目标

知识目标

1. 熟悉室内活动的工作内容。
2. 认识室内活动的环境。
3. 了解室内活动具体实施时的安全注意事项。

能力目标

1. 能发现室内活动环节中存在的安全隐患。
2. 能分析室内活动环节存在安全隐患的原因。
3. 能运用室内活动环节的安全防护措施对幼儿进行安全防护。
4. 能根据岗位实际情况制订幼儿室内活动的安全防护方案。

素养目标

1. 有室内活动安全防护意识与安全组织活动的能力。
2. 具备对幼儿进行室内活动安全教育的职业意识。

任务书

为什么李老师组织的班级活动会频繁发生安全事故？室内活动中有哪些环节容易出现安全事故？需要保教人员做好哪些安全措施？让我们一起来制订详实可行的室内活动安全防护方案，尽可能避免幼儿在室内活动中发生安全事故，为幼儿安全保驾护航。

要求

1. 方案要结合区角活动与集体教学活动两类重要的室内活动。
2. 方案中的安全防护措施要具体、可操作。
3. 方案实效性强，可有效地避免幼儿在室内活动中发生安全事故。

工作计划

想一想，你打算采用什么方法，通过哪些途径，获取哪些方面的知识内容？请你与小组成员协商并制订自己的计划，填入表 2-1-1，以便更好地制订方案。

表 2-1-1　工作计划表

我需要获取哪方面的知识内容	如何获取	完成时间

获取信息

☆ **引导问题 1**　请你采访身边熟悉的幼儿园保教人员,了解组织室内活动包括哪些工作内容,每项工作的具体操作是什么,或结合你的见习经历完成表 2-1-2。你也可以查阅相关资料获取更多的信息。

表 2-1-2　信息获取表

幼儿园室内活动工作内容	具体操作

☆ **引导问题 2** 结合引导问题 1,联系所学知识及个人生活经验,认真思考室内活动环节的每一项工作内容及具体操作。想一想,每一项工作内容存在哪些安全隐患? 试着完成表 2-1-3。

表 2-1-3 信息获取表

工作内容	安全隐患	我的理由

☆ **引导问题 3**　仔细观察幼儿室内活动的环境,见图 2－1－1,找一找,哪些地方可能存在安全隐患? 如果有,请把它圈出来,并说明你的理由。

安全隐患:

理由:

安全隐患:

理由:

安全隐患:

理由:

安全隐患:

理由:

图 2－1－1

☆ **引导问题 4**　容易造成室内活动环节安全事故的原因有哪些? 请你阅读以下案例,分析造成室内活动环节安全事故的原因。

案例一　莉莉老师在班级设置了一个 2 m² 的建构区,但是对该区域容纳人数没有规划与限制。区角活动时,建构区里面挤进了 12 个幼儿,幼儿甲一不小心将幼儿乙搭好的“高楼”撞倒了,幼儿乙拿起手中的积木就砸在了幼儿甲的头上。幼儿甲头上起了一个小包,哇哇大哭起来。

原因分析:

案例二 在大班美食区,王老师为幼儿准备了真实的榨汁机,还提供了橘子、苹果等材料。幼儿甲周一在美食区榨了一杯橙汁。收拾区域时,保教人员和幼儿都遗忘了榨好的橙汁。周二区域活动时,幼儿乙端起橙汁喝掉了,当天幼儿乙就出现拉肚子现象。

原因分析:

案例三 韵律活动中,老师带领幼儿一起跳舞,忘了提醒幼儿藏好小椅子,找一个空地,幼儿就站在自己椅子前跟着老师跳起来。幼儿甲转了一个圈,一不小心脚踢在椅子上,摔倒在地,头磕在桌角上,磕出一个小口子。

原因分析:

案例四 中班的幼儿行为习惯很不好,集体教学活动时,个别幼儿常常往后翘自己椅子、蹬前面幼儿的椅子。幼儿甲往后翘自己的椅子时用力太大,竟然后仰倒地,头上摔出一个包来。

原因分析:

☆ **引导问题 5** 如果你是保教人员,你在日常教育中会如何预防室内活动安全事故的发生?请以小组为单位,讨论分析如何预防室内活动安全事故,并将讨论结果编成一首儿歌,填入表 2 - 1 - 4。

表 2 - 1 - 4

小组序号		组长	
小组成员及分工			
幼儿室内活动安全防护儿歌			

学习支持

一、室内活动概述

1. 室内活动的含义

室内活动包括生活活动、区角游戏活动、集体教学活动、过渡活动等。本任务中的室内活动仅涉及区角游戏活动与集体教学活动。区角游戏活动是幼儿自主开展的一种游戏形式，班级区角通常包括阅读区、美工区、建构区、科学区、手工区、角色区等。在区角活动开展过程中，幼儿自主选择游戏区角，自主选择游戏材料，自主开展游戏。集体教学活动是指全班一起开展的活动形式，是教师有计划、有组织地引导幼儿开展集体学习的活动。

2. 室内活动的工作内容及实施

室内活动内容具体见表 2-1-5。

表 2-1-5　室内活动环节工作操作表

工作内容	具 体 操 作	
	保育员	教师
区域游戏活动	1. 游戏活动前与教师沟通，了解活动目的和要求，做好游戏前材料、场地等准备 2. 排查环境及材料中的安全隐患 3. 协助教师组织幼儿根据区角规划的人数自主选择区域，开始游戏 4. 关注个别幼儿游戏中的行为，注意幼儿的安全 5. 关注幼儿的需要，及时帮助幼儿完成力所不能及的事情 6. 配合教师指导幼儿，处理游戏过程中出现的问题 7. 游戏结束时帮助或带领幼儿收拾、整理游戏活动材料	1. 制订目标明确、有指导和观察要点的游戏活动计划 2. 根据班级幼儿人数、不同区角的特殊性需要合理规划游戏区。比如，阅读区、美工区应安排在光线充足的地方 3. 根据游戏活动的要求和幼儿游戏活动的需要，家园共同收集自然物、废旧材料、半成品等环保安全的游戏活动材料 4. 组织幼儿根据规划的人数选择区角 5. 观察幼儿材料使用情况、游戏水平和状态，并做好记录 6. 在幼儿游戏过程中采用适宜的方式指导幼儿游戏 7. 组织幼儿作游戏小结、分享，以及整理材料
集体教学活动	1. 活动前主动向教师了解需要配合的事项。协助教师做好活动前准备，摆放活动所需材料，安排场地等 2. 提醒幼儿有序坐好，引导幼儿将注意力集中在活动中 3. 指导和帮助个别幼儿参与活动。指导过程中走动位置恰当，声音轻柔，不影响幼儿活动 4. 关注活动中幼儿的学习习惯，纠正个别幼儿不正确的坐姿，用眼神、手势等方式提醒活动中干扰秩序的幼儿 5. 处理活动中的偶发事件，方法适宜 6. 指导幼儿做好活动结束后的收拾、整理工作	1. 制订切实可行的活动计划。活动前准备环保安全的教具及操作材料，并与保育员共同做好分发材料准备 2. 根据具体活动需要，设置便于幼儿活动与交流的桌椅位置，保持安全的间距。尽量安排圆弧形座位，确保每名幼儿都面对教师 3. 教学中能理解幼儿的想法与感受，察觉幼儿的生理及心理变化。根据幼儿活动中的表现与反应，及时做出教学调整 4. 注重培养幼儿良好的学习习惯。对个别幼儿出现的坐姿不良等习惯，及时提醒与教育 5. 组织幼儿进行活动回顾、小结、分享，并整理材料

二、造成室内活动环节安全事故的原因

1. 区角设置不当导致的事故

（1）室内幼儿空间比把握不当。区角设置过多、空间太小，导致进区幼儿人数多，因拥挤造成打闹、踩踏、摔倒等事故。

（2）区角之间分隔物过高，遮挡保教人员视线；因分隔物不牢固而倒塌砸伤幼儿。

（3）区角之间分区不明显。行走路线不通畅，造成幼儿在室内走动时与区角柜、其他幼儿发生碰撞。

2. 投放材料不当引发的事故

（1）不适宜幼儿年龄特点的材料。比如，在小班区角投放形象逼真的橡皮泥包子、饺子、汤圆等，小班幼儿可能将玩具当成真实食物误食。

（2）材料锋利、有棱角、易碎。例如，美工区投放图钉制作风车，提供牙签制作手工，科学区提供三棱镜等，都存在安全隐患，容易诱发事故，需要特别处理或者一对一指导。

（3）材料不卫生。例如，没有清洗消毒的牛奶盒、洗衣液瓶、饼干盒等，这些物品最容易滋生细菌，尤其是目前很多幼儿园开展真实的食品加工活动，食品清洗不干净，桌面餐具消毒不彻底，都会造成卫生安全事故。

（4）教具材料准备不足，导致幼儿争抢打闹而引起安全事故。

3. 组织不当引发的事故

（1）集中观察某个区角，忽视其他区域而发生安全事故。

（2）对活动现场安全预设不充分、组织方式不当而发生安全事故。例如，在拥挤的室内组织体操、舞蹈等活动。

（3）幼儿活动时桌椅摆放不当，椅子挨得太紧、缝隙太小，也会造成安全事故。

（4）语言组织不当而造成事故。例如，教师对幼儿说："所有小朋友们赶紧到我周围来。"于是所有的幼儿同时挤到教师周围，造成拥挤、摔倒等安全事故。

4. 个别幼儿行为不当引发的事故

（1）幼儿行为不当引发的安全事故，例如，个别幼儿爬桌子、站在椅子上、爬窗子等容易引发安全事故。

（2）个别好强好胜幼儿咬人、抓人、打人而产生的安全事故。

三、预防室内活动环节安全事故的措施

1. 科学规划室内环境

保教人员在开展区角活动或者集体教学活动中，除了根据活动的需要规划环境外，还应充分考虑区角的数量设置、空间布局。

（1）根据教室空间大小、幼儿年龄、幼儿人数，合理设置区角数量。

（2）合理规划空间布局，根据活动室面积与幼儿人数，计算室内活动生均面积，一般要达到生均 $1.5\ m^2$ 及以上。根据生均活动面积计划室内区角数量，如果教室太小，则室内区角数量应相应减少；在区角间留出足够幼儿进出的通道，便于幼儿安全顺畅地在室内走动，如图 2-1-2 所示。

（3）关注有特殊需要的区角设置上的安全性。例如，需要用到水的区角应设置在靠近

水源的地方,以免地面湿滑造成安全事故;需要光线充足的阅读区应设置在窗边,避免对幼儿造成视力伤害。

(4)物品摆放上注意安全。分隔物不宜过高,不能遮挡教师的视线;分隔物应牢固、结实、不易垮塌;窗边注意不放置板凳、沙发等利于幼儿攀爬的物件;狭窄过道不适宜放有棱角的桌椅,如图2-1-3所示。

(5)合理安排区角人数,避免因人数拥挤而导致的各种安全事故。

图 2-1-2　　　　　　　　　　　　图 2-1-3

2. 合理投放室内活动材料

保教人员在提供区角材料、集体教学活动学习材料时应充分考虑材料的无毒、无味、无棱角、干净、卫生等因素。

(1)提供无毒、无味、干净卫生、符合幼儿年龄特点的区角游戏材料或集体学习活动材料。例如,小班建构区适合投放无毒无味的软积木,中大班投放实体积木和经过消毒处理的废旧纸盒、奶粉盒等废旧材料。

(2)为幼儿提供的材料应注意无刺、无尖角、大小应适宜。例如,小班幼儿不适宜投放过于细小的珠子、豆子、纽扣等物品,以防幼儿将它们误塞入耳、鼻、口,造成伤害;提供的工具材料,如剪刀、模拟厨房用的菜刀、修补图书用的订书机等应谨慎,可提供玩具菜刀、圆头剪刀、胶棒等物品代替。

(3)需要使用到电的材料与工具,一定要在教师的一对一指导下才能使用。

(4)与身体接触多的材料尽量选择布艺材料,例如角色游戏幼儿戴的头饰、穿在身上的表演服装等。

(5)定期将幼儿的玩教具消毒和晾晒,见图2-1-4、图2-1-5。

图 2-1-4　　　　　　　　　　　　图 2-1-5

3. 活动前进行安全排查

在每日室内活动开展前,应排查室内环境安全、材料安全、摆放安全等,预防安全事故发生。

(1)在室内活动开展前,根据室内环境创设要求,检查环境中的安全隐患,合理布局,及时整改。

(2)在室内活动开展前,根据材料安全具体要求,排查与调整材料。例如,清理不安全的大头针、别针、没有去尖的牙签等,将暂时不适用的材料收起来。

4. 活动中有效组织

保教人员在活动过程中,应合理分工,时刻坚持面向全体、关注个别的原则,勤观察、勤指导、勤调整。

(1)在室内活动组织过程中,不论是区角游戏还是集体教学活动,首先应做好合理分工。例如,在集中教学活动中,教师注意对全体幼儿的关注与组织,保育员关注个别幼儿的坐姿、活动情况,发现有危险倾向及时引导。区角游戏中,主班教师负责巡视全体情况,配班教师和保育员可分工关注不同区域。

(2)重点关注危险操作。在需要运用剪刀、压孔机、榨汁机等不够安全的工具,或者做手工、做实验等有一定安全隐患的活动中,需要提前安排具体人员重点观察与指导,见图2-1-6。

(3)关注幼儿间的活动情况,尤其关注平时活动中比较强势的幼儿,避免其发生攻击性行为,造成幼儿间的攻击伤害,见图2-1-7。

(4)清理检查材料。活动结束后,应及时清理检查材料,避免留下安全隐患。例如,美食区制作的食物应尽快处理,不能过夜,防止幼儿第二天误食;使用的工具应尽快归位;摔坏的材料应立即清理。

图2-1-6

图2-1-7

任务实施

根据岗位实际情况,结合你获取的信息,制订幼儿室内活动安全防护方案。

幼儿室内活动安全防护方案

班级：_____

岗位：_____

一、方案制订目的

二、方案制订依据

三、预防幼儿室内活动安全问题具体措施(见表 2 - 1 - 6)

表 2 - 1 - 6　幼儿室内活动安全防护措施

工作内容	防护重点	具体操作

小提示

可以从导致室内活动安全问题的原因、预防室内活动安全事故的措施、实际工作情境等方面,分析阐述制订方案。

评价反馈

请扫描二维码,观看微课,结合微课内容对你的任务完成情况进行打分,请认真思考你的方案有哪些不足并做出完善和优化。

微课 2-1

表 2-1-7　评价表

评价指标	满分	评价等级			等级	分项得分
		优	良	一般		
方案逻辑清晰、表述规范	20	18~20	15~17	12~14		
内容详实,无知识性错误	20	18~20	15~17	12~14		
涵盖工作岗位的每一项工作内容	20	18~20	15~17	12~14		
能结合不同岗位特点,有具体的工作要求	20	18~20	15~17	12~14		
符合实际工作场景,可行性较好	20	18~20	15~17	12~14		

任务 2　户外活动的安全防护

　　户外活动增进了幼儿与保教人员之间的互动,更能给予幼儿一定的自由空间,让幼儿从室内走向室外,充分展现了幼儿园户外活动的体验性、相对自由性、自主性和愉悦性等。户外活动同时是幼儿园安全事故的高发环节。一方面,幼儿园户外活动环境一般比较开阔,场地面积较大,容易成为保教人员的观察盲区;另一方面,幼儿年龄较小,其动作发展不够成熟,具有爱打闹、爱跑跳及规则意识较差等特点。因此,户外活动中的安全防护在幼儿园一日活动中尤为重要。

学习情境

　　户外活动时间,幼儿园中班集中在大型玩具活动场地。主班的李老师正在教室里整理玩具,孩子们则由保育员汪老师带领自由玩耍。欢欢小朋友不小心摔倒在地,大哭起来。汪老师立即上前检查,发现其没有外伤,便安排欢欢继续活动。汪老师见孩子没有异样就没有告诉主班李老师。区角游戏时,李老师发现欢欢不愿意参加美工区的手工活动,说手痛。经仔细检查询问后,发现欢欢左手腕有些肿。李老师立刻将欢欢送往医务室检查。保健医生建议马上到附近医院拍片检查。经检查,欢欢左手腕脱臼。之后,李老师通知欢欢父母,家长非常生气,要求幼儿园领导严肃处理此事。

学习目标

知识目标

1. 认识幼儿园户外环境。
2. 熟悉户外活动的工作内容。
3. 了解户外活动具体实施时的安全注意事项。

能力目标

1. 能发现户外活动环节存在的安全隐患。
2. 能分析户外活动环节存在安全隐患的原因。
3. 能运用户外活动环节的安全防护措施对幼儿进行安全防护。
4. 能根据岗位实际情况初步制订幼儿户外活动环节安全防护方案,共同完成任务。

素养目标

1. 有对幼儿户外活动进行安全防护的意识与安全组织活动的能力。
2. 具备对幼儿户外活动进行安全教育的综合素养。

任务书

为保障幼儿在户外活动中的安全,建立健全幼儿户外活动安全防护机制,保教人员应当重视幼儿户外活动环节的安全防护。请你结合岗位实际情况,制订户外活动环节安全防护方案,以减少幼儿在户外活动时的安全隐患。

要求

1. 方案要符合幼儿园实际工作情况。
2. 方案要有可操作性,描述要具体。
3. 方案可有效地避免幼儿在户外活动环节发生安全事故。

工作计划

想一想,你打算采用什么方法,通过哪些途径,获取哪些方面的知识内容? 请你与小组成员协商并制订自己的计划,填入表 2-2-1,以便更好地制订方案。

表 2-2-1　工作计划表

我需要获取哪方面的知识内容	如何获取	完成时间

获取信息

☆ **引导问题 1** 幼儿园户外活动有哪些？请结合岗位经验（或结合自己的见习经历），在图 2－2－1 中罗列出来。

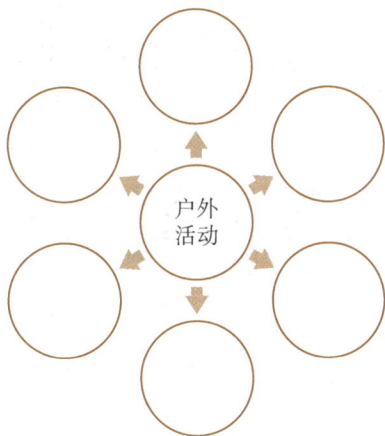

图 2－2－1

☆ **引导问题 2** 请你采访身边熟悉的保教人员，了解幼儿园户外活动环节的工作内容有哪些，每一项工作内容的具体操作是什么，或结合你的见习经历完成表 2－2－2。你也可以查阅相关资料获取更多的信息。

表 2－2－2　信息获取表

幼儿户外活动工作内容	具体操作

续　表

幼儿户外活动工作内容	具体操作

☆ **引导问题 3**　结合引导问题 2,联系所学知识及个人生活经验,认真思考户外活动环节的每一项工作内容及具体操作。想一想,每一项工作内容存在哪些安全隐患? 试着完成表 2 - 2 - 3。

表 2 - 2 - 3　信息获取表

工作内容	安全隐患	我的理由

☆ **引导问题 4**　仔细观察幼儿户外活动环境,见图 2-2-2,找一找,哪些地方可能存在安全隐患? 如果有,请把它圈出来,并说明理由。

安全隐患:
理由:

安全隐患:
理由:

安全隐患:
理由:

安全隐患:
理由:

图 2-2-2

☆ **引导问题 5**　容易造成幼儿户外活动环节安全事故的原因有哪些? 请你阅读以下案例,分析造成幼儿户外活动环节安全事故的原因。

案例一　户外活动时,主班教师王老师和保育员李老师正站在操场上观察小朋友们玩推车。"啊!"身后突然发出一声尖叫,老师们回头发现君君已经摔倒在地,原来是被小明的推车撞倒了。

原因分析:

案例二 保育员李老师正在帮小雨擦汗,美美突然哭着跑过来抱住李老师。李老师发现美美的小手被擦破了。原来是美美在玩推车的时候,被自己松了的鞋带绊倒在地。

原因分析:

案例三 李老师和王老师临时决定让孩子们去大型玩具区玩。不一会,大型玩具区传来一阵哭声。原来是欢欢小朋友被滑梯上的碎石块划伤了大腿。

原因分析:

☆ **引导问题 6** 如果你是保教人员,在日常教育中,你会如何预防户外活动环节安全事故的发生? 请以小组为单位,讨论分析如何预防幼儿户外活动环节安全事故,并将讨论结果编成一首儿歌,填入表 2-2-4。

表 2-2-4 讨论信息收集表

小组序号		组长	
小组成员及分工			
幼儿户外活动安全防护儿歌			

学习支持

一、户外活动概述

1. 户外活动的含义

户外活动分为园内户外活动和园外户外活动两种。其中,园内户外活动主要是指户外体育活动和游戏,简单的观察、散步、自由活动等;而园外户外活动则指到自然中和到社会中参加的活动。结合幼儿园的实际情况,本书中的户外活动主要指园内户外体育活动。

看似轻松愉悦的户外活动环节也蕴含着教育的契机:满足幼儿正常的身心发展需要,促进其平衡能力、肢体协调能力、力量等动作技能的发展;初步建立一系列的关于户外活动的健康行为方式和规则意识,养成良好的户外活动习惯,为其人格的发展奠定基础。

2. 户外活动的工作内容及实施

户外活动环节主要有活动前准备、活动中实施、活动后整理等工作内容,具体操作见表2-2-5。

表 2-2-5　户外活动环节工作操作表

工作内容	具体操作	
	保育员	教师
活动前准备	1. 熟悉本班户外活动内容与要求 2. 协助教师准备场地和器械 3. 协助教师检查场地、器械安全 4. 活动前检查幼儿服饰和鞋带 5. 服饰符合户外体育活动要求 6. 协助教师组织幼儿出教室 7. 随身携带户外活动必备物品,如卫生纸、干毛巾等	1. 根据幼儿的年龄阶段特点制订户外活动内容与计划 2. 内容与计划要结构合理,符合幼儿身心发展特点与需求 3. 提前检查户外活动场地与器械材料 4. 提醒并检查幼儿是否做好户外活动前的准备,包括幼儿服饰与身体状况等 5. 穿着符合户外体育活动要求(不穿高跟鞋、不穿裙子、衣服长短适中、不披发) 6. 清点人数,组织幼儿出教室 7. 保证户外活动质量与数量,一周内开展体育课、体育游戏、器械活动、大型玩具活动、散步等多种类型的户外体育活动
活动中实施	1. 观察幼儿的活动量,巡回指导幼儿 2. 提醒或帮助幼儿增减衣物,特别关注体弱或身体不适的幼儿 3. 配合教师指导幼儿户外活动 4. 随时观察幼儿活动情况,及时处理幼儿矛盾等突发事件 5. 活动过程中协助教师指导和帮助幼儿	1. 精神饱满地组织户外活动,口令规范,示范正确,面向全体幼儿 2. 科学组织户外活动,促进幼儿身心健康发展,合理开展走、跑、跳、钻、爬、投掷、平衡等各种发展幼儿基本动作的活动 3. 随时观察幼儿户外活动情况,随时观察幼儿情绪和动作 4. 及时提醒幼儿注意动作、增减衣物、运动卫生和安全 5. 合理利用户外活动场地,保证幼儿有足够的、安全的活动空间

续　表

工作内容	具体操作	
	保育员	教师
		6. 了解幼儿的兴趣、习惯、安全意识、意志品质、动作发展等实际情况,做出积极的应对和调整 7. 建立适宜的户外活动常规,督促幼儿遵守 8. 注意动静交替,逐渐增加活动量和活动强度,防止突然运动或剧烈运动造成的拉伤、扭伤或身体不适等
活动后整理	1. 指导值日生放器械,在户外活动后整理收拾活动器械 2. 收拾场地,检查器械 3. 做好幼儿活动后的护理工作:用适宜的干净毛巾给幼儿擦面,督促幼儿增减衣服	1. 指导幼儿选择和按规定收拾器械 2. 清点幼儿人数,组织幼儿排队并有序回到教室 3. 协助保育员依次指导幼儿进行脱外衣、盥洗、擦汗、饮水等其他生活活动

二、户外活动环节安全防护的重要性

《幼儿园工作规程》明确指出,"在正常情况下,幼儿户外活动时间(包括户外体育活动时间)每天不得少于 2 小时"。在户外活动中,幼儿不仅能够获得身体和心灵的放松,也可以体验到亲近大自然和游戏的欢乐,更能锻炼身体、发展动作技能。幼儿园户外活动作为幼儿体育锻炼的主要形式之一,因其有较多的自主权和较强的趣味性而深受幼儿欢迎。

然而,相对于其他一日活动,户外活动也更容易出现安全问题。第一,场地较大,幼儿自控能力下降,活动秩序混乱;第二,体育器械种类过多,容易出现因器械故障导致的伤人情况;第三,保教人员照护力度不够,幼儿易出现打闹受伤等情况。频繁发生的安全事故导致户外活动难以被保教人员接纳。本着"少动一点,安全一点"的想法,部分保教人员剥夺了幼儿的户外活动时间,或在户外活动时"束缚"幼儿的手脚,导致户外活动价值无法得到正常发挥。如何兼顾幼儿在户外活动中的安全与自由运动,这是每一位保教人员需要思考的问题。

三、户外活动环节安全事故的影响因素

1. 户外场地及设备因素

(1)户外活动场地规划不合理,清理不当,残留尖锐、危险物品等,容易造成安全事故,见图 2 - 2 - 3。

(2)户外活动设备器材陈旧,没有定期检查和及时修理。如玩具器械上的螺丝缺失、秋千上的绳索不牢等,都有可能发生致命的事故。

2. 保教人员组织不当因素

(1)户外活动材料准备不当。如活动材料选择不合理、摆放位置不恰当等问题,就有可能导致幼儿在户外活动的过程中意外受伤。

(2)户外活动中分工不合理,观察不仔细。户外活动场地开阔,增加了保教人员看护幼儿的难度。若户外活动时保教人员之间没有做好合理的分工,观察不仔细,出现管理盲区,

也有可能发生不可预知的意外。

（3）户外活动内容不适宜。如为幼儿安排了过量的运动，或采用不恰当的运动方式，有可能造成幼儿身体损伤和意外事故。

（4）户外活动组织不恰当。保教人员放任幼儿独自去找厕所，上下楼梯时没有提前说明规则等情况，难免会导致安全事故发生。

3. 幼儿自身因素

（1）幼儿着装不当。幼儿的鞋子大小不合适、衣服不合身等都可能造成幼儿在活动过程摔伤、绊倒等。

图 2-2-3

（2）个别幼儿的危险行为。个别幼儿在玩器械时不听指挥、不遵守游戏规则，做出危险行为，存在极大的安全隐患。如个别幼儿在滑滑梯时，喜欢头朝下滑，容易造成脸部挫伤或脖子扭伤。

（3）同伴冲突。在玩体育游戏或大型玩具时，个别幼儿因争抢器械而发生打斗，造成意外伤害。

（4）幼儿运动经验不足。大部分幼儿身体的控制能力较弱，运动经验不足。在户外活动时幼儿往往处于兴奋状态，会因不能自我调节造成运动量过大、身体疲惫等现象，引发碰撞、跌倒等安全事故。

四、预防户外活动环节安全事故的措施

1. 活动前排除安全隐患

（1）提前检查户外场地及设备安全。保教人员要提前做好场地、器械的检查和准备工作。例如，提前检查场地有无凹坑、玻璃、碎砖，如有戏水池或带棱角的花坛，要提醒幼儿注意避让。

（2）提前准备适宜的户外活动材料。要根据户外活动的目标和内容，提前为幼儿准备适宜的户外活动材料。例如，保育员要随身携带一些户外活动的必备物品，如卫生纸、干毛巾、防蚊水等。

（3）提前开展户外活动安全教育。教师要根据活动内容向幼儿提出相关的安全要求，让幼儿明确游戏规则、活动要求和违反规则的后果，以此增强幼儿自我保护的意识。

2. 活动中保教人员有效组织

（1）合理安排活动内容、时间、节奏。保教人员要根据幼儿年龄特点、体能等发展需要，组织幼儿进行户外活动，活动内容要健康，集体活动时间应在半小时左右，运动量适宜。活动前后应组织幼儿做拉伸放松动作。

（2）密切观察，及时看护。户外活动中，要时刻注意观察幼儿，做到"眼观六路，耳听八方"，确保幼儿一直在自己的视线范围内活动，及时解决幼儿之间的纠纷。教师和保育员要分工明确，切勿扎堆聊天，发现问题及时干预，见图 2-2-4。

（3）巡视场地，个别指导。保教人员要流动巡视，要注意提示幼儿正确地使用各类活动器械，注意安全。例如，在爬梯活动中，保教人员要引导幼儿观察身边是否有同伴，爬梯时要

与同伴保持一定的距离。

（4）特别关注大型玩具区的安全。幼儿玩户外大型玩具时,要格外关注容易发生危险的地方。例如,当幼儿玩滑梯时,要提醒幼儿用正确的方法滑下滑梯,如果幼儿趴着或者跪着滑下滑梯,要立刻制止。

（5）收拾场地和器械。教师组织幼儿收拾器械,整理场地。保育员可协助,并将器械摆放整齐,督促幼儿按顺序排好队,见图2-2-5。

图2-2-4　　　　　　　　　　　　　　图2-2-5

（6）活动后护理。教师清点幼儿人数,组织幼儿排着整齐的队伍回到教室后,保育员协助教师依次指导幼儿进行脱外衣、盥洗、擦汗、饮水等其他生活活动。

3. 活动后强化幼儿安全教育

（1）引导幼儿理解户外活动常规的重要性。引导小、中、大班幼儿共同制订活动常规并了解游戏规则,引起幼儿注意,提高幼儿安全意识,避免安全事故的发生。

（2）引导幼儿活动前自觉检查自己的着装。要求衣着整齐,系紧鞋带,以防摔跤。一旦发现鞋带松开,主动寻求老师帮助。

（3）对幼儿进行安全教育,提高幼儿自我保护能力。将安全教育融于幼儿的一日生活。例如,在集体教育活动中引导幼儿回顾"混乱"的户外活动场景及已发生的安全事故,了解事故发生的原因,引导幼儿分析避免在户外活动中发生安全事故的方法,学会保护自己。

（4）帮助幼儿掌握户外活动器械的正确使用方法。例如,提醒幼儿在跳绳、投掷等器械练习时,要与同伴保持安全距离,以免发生危险。

工作实施

根据岗位实际情况,结合你获取的信息,制订幼儿户外活动安全防护方案。

幼儿户外活动安全防护方案

班级:＿＿＿＿＿＿＿

岗位:＿＿＿＿＿＿＿

一、方案制订目的

二、方案制订依据

三、预防幼儿户外活动安全问题具体措施(见表 2 - 2 - 6)

表 2 - 2 - 6　幼儿户外活动安全防护措施

工作内容	防护重点	具体操作

小提示

可以从导致幼儿户外活动安全问题的原因、户外活动环境的安全隐患、实际工作情境等方面,分析阐述制订依据。

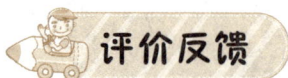

评价反馈

请扫描二维码,观看微课,结合微课内容对你的任务完成情况进行打分,请认真思考你的方案有哪些不足并做出完善和优化。

微课 2-2

表 2-2-7　评价表

评价指标	满分	评价等级			等级	分项得分
		优	良	一般		
方案逻辑清晰、表述规范	20	18～20	15～17	12～14		
内容详实,无知识性错误	20	18～20	15～17	12～14		
涵盖工作岗位的每一项工作内容	20	18～20	15～17	12～14		
能结合不同岗位特点,有具体的工作要求	20	18～20	15～17	12～14		
符合实际工作场景,可行性较好	20	18～20	15～17	12～14		

任务 3　外出活动的安全防护

幼儿园外出活动是综合利用家庭和社区教育资源的有效形式。幼儿在外出活动中，能够真正走进大自然、勇于实践、博学广纳、探索求知，树立正确的审美观念，萌发深厚的民族情感，发挥想象力和创造力，开阔视野，逐渐成长为德智体美劳全面发展的新一代。然而，外出活动却存在不少安全隐患。因为外出活动中幼儿人数众多，保教人员数量相对较少，环境开放复杂，因此保教人员稍有不慎就容易出现幼儿安全问题。

学习情境

某幼儿园的王老师和张老师带着小班幼儿去社区参观。在参观社区的过程中，保育员张老师组织幼儿上厕所，主班教师王老师则在一旁玩起了手机。待幼儿上完厕所后，王老师发现少了小明和小刚。正在两位老师焦急万分的时候，厕所工作人员把两名幼儿带到了大家面前，这时老师们才松了一口气。原来这两个男娃娃走错了地方，跑进了女厕所。

学习目标

知识目标

1. 认识外出活动的环境。
2. 熟悉外出活动的工作内容及具体操作。
3. 了解外出活动具体实施时的安全注意事项。

能力目标

1. 能发现外出活动环节存在的安全隐患。
2. 能分析外出活动环节存在安全隐患的原因。
3. 能运用外出活动环节的安全防护措施对幼儿进行安全防护。
4. 能根据岗位实际情况初步制订幼儿外出活动环节安全防护方案，共同完成任务。

素养目标

1. 有对外出活动进行安全防护的意识与安全组织活动的能力。
2. 具备对幼儿外出活动进行安全教育的综合素养。

任务书

为保障幼儿在外出活动中的安全,应建立健全的幼儿外出活动安全防护机制,保教人员应当重视幼儿外出活动的安全防护。请你结合岗位实际情况,制订外出活动环节安全防护方案,以减少幼儿在外出活动时的安全隐患与问题。

要求

1. 方案要符合幼儿园实际工作情况。
2. 方案要有可操作性,描述要具体。
3. 方案可有效地避免幼儿在外出活动发生安全事故。

工作计划

想一想,你打算采用什么方法,通过哪些途径,获取哪些方面的知识内容? 请你与小组成员协商并制订自己的计划,填入表2-3-1,以便更好地制订方案。

表2-3-1　工作计划表

我需要获取哪方面的知识内容	如何获取	完成时间

获取信息

☆ **引导问题1** 幼儿园外出活动的环境有哪些？请结合岗位经验(或结合自己的见习经历)在图 2-3-1 中将它们罗列出来。

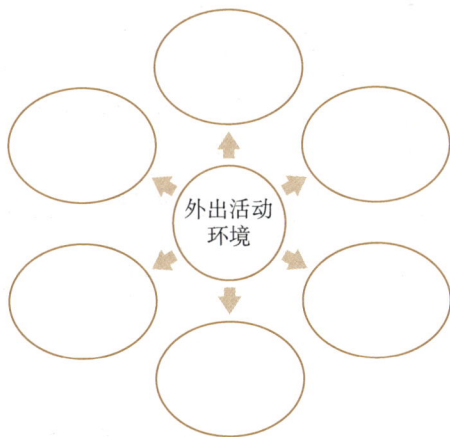

图 2-3-1

☆ **引导问题2** 请你采访身边熟悉的保教人员，了解外出活动环节的工作内容有哪些，每一项工作内容的具体操作是什么,或结合你的见习经历完成表 2-3-2。你也可以查阅相关资料获取更多的信息。

表 2-3-2 信息获取表

幼儿外出活动工作内容	具体操作

续　表

幼儿外出活动工作内容	具体操作

☆ **引导问题 3**　结合引导问题 2,联系所学知识及个人生活经验,认真思考外出活动环节的每一项工作内容及具体操作。想一想,每一项工作内容存在哪些安全隐患? 试着完成表 2-3-3。

表 2-3-3　信息获取表

工作内容	安全隐患	我的理由
其他思考		

☆ **引导问题4**　仔细观察外出活动的场景,见图2-3-2,找一找,哪些地方可能存在安全隐患? 如果有,请把它圈出来,并说明理由。

安全隐患:
理由:

安全隐患:
理由:

图2-3-2

☆ **引导问题5**　造成幼儿外出活动环节安全事故的原因有哪些? 请你阅读以下案例,分析造成幼儿外出活动环节安全事故的原因。

案例一　7月初,幼儿园组织大班幼儿去小学参观,园长安排校车司机黄师傅负责接送。校车的空调损坏已久,在校车行进途中欢欢小朋友就一直向老师报告,说自己很热。结果校车刚刚抵达目的地,欢欢就晕倒了。老师立刻将欢欢送往医务室,医生诊断说欢欢是因为车内太热,中暑了。

原因分析:

案例二 周五上午,中班的小朋友集体徒步到中央公园进行春游活动。主班教师李老师为了记录下更多美好画面,特意从幼儿园借了照相机。正当李老师给小朋友们拍照时,突然听到一阵哭声,原来是小明和小雨两个小朋友在行进途中发生了争吵,小明动手抓伤了小雨的脸。

原因分析:

☆ **引导问题6** 如果你是保教人员,在日常教育中,该如何预防外出活动环节安全事故的发生?请以小组为单位,讨论分析如何预防幼儿外出活动环节的安全事故,并将讨论结果编成一首儿歌,填入表2-3-4。

表2-3-4 讨论信息收集表

小组序号		组长	
小组成员及分工			
幼儿外出活动 安全防护儿歌			

学习支持

一、外出活动概述

1. 外出活动的涵义

开放多元的园外环境是幼儿园的重要教育资源。幼儿外出活动包括集体出游、看电影、远足等规模较大的教育活动。外出活动是能够充分利用家庭和社会的教育资源,引导幼儿到大自然和社会中去参加的教育教学活动。本书中的幼儿外出活动主要聚焦园外参观游览活动。2001 年教育部印发的《幼儿园教育指导纲要(试行)》总则中强调,幼儿园应与家庭、社区密切合作,与小学相互衔接,综合利用各种教育资源,共同为幼儿的发展创造良好的条件。国务院办公厅 2013 年颁发的《国民旅游休闲纲要(2013—2020 年)》的主要任务和措施中也明确指出,要逐步推行中小学生研学旅行,鼓励学校组织学生进行寓教于游的课外实践活动。

2. 外出活动的工作内容及实施

外出活动往往规模较大,场地自由,存在较大安全隐患。因此在外出活动中,园所负责人的策划领导工作和保教人员的组织实施工作都至关重要。其工作内容主要包括活动前准备、活动中实施、活动后整理等,具体操作见表 2 - 3 - 5。

表 2 - 3 - 5　外出活动环节工作操作表

工作内容	组织	
	园所负责人	保教人员
活动前准备	1. 大型外出活动需上报审批 2. 成立园内安全工作小组,落实安全负责人员 3. 制订外出活动的安全工作计划预案和具体活动方案 4. 提前熟悉外出参观场地和路线 5. 与参观部门的相关负责人联系,确定游览时间等具体信息 6. 做好外出活动前的宣传和部署	1. 提前召开家长会,尊重家长意见 2. 提前对幼儿进行外出安全教育 3. 提前准备外出活动的相关物品 4. 做好内部分工,如教师清点人数、保育员协助管理等 5. 检查幼儿衣物与行李 6. 激发幼儿对外出活动的美好愿望
活动中实施	1. 确定幼儿出行车辆 2. 再次与外出参观部门负责人确认地点与路线 3. 统筹管理并协助保教人员照看幼儿 4. 汇总幼儿人数。集合时,要向班级保教人员确认班级幼儿人数,待全园人员到齐后再离开	1. 清点人数,组织幼儿上下车 2. 组织幼儿行进并到达外出活动地点 3. 随时关注全体幼儿,特别关注身体不适的幼儿 4. 随时提醒幼儿注意外出安全 5. 巡视指导,及时教育 6. 组织幼儿游戏、进餐等活动 7. 清点人数,组织幼儿返回幼儿园
活动后整理	1. 返回园所 2. 总结与反思	1. 组织幼儿返回幼儿园 2. 返回途中随时关心、关注全体幼儿 3. 组织幼儿返回教室 4. 做好幼儿外出活动后的护理工作,如盥洗、饮水、增减衣物等 5. 组织幼儿有序离园并与家长交流

二、外出活动环节安全防护的重要性

陈鹤琴的活教育理论指出,书本不应为学校学习的唯一材料,大自然和大社会是知识的主要源泉。幼儿园组织的外出活动正是体现了陈鹤琴的活教育思想,以大自然、大社会为学习对象,帮助幼儿活学习,积累活知识。作为幼儿学习与发展的活教材,幼儿园外出活动的安全防护难在外出活动人数众多、活动环境较为开放、活动内容较为复杂。需要幼儿园与保教人员关注的"安全点"太多,稍有疏忽便容易出现安全纰漏。即使有幼儿家长参与,也存在安全隐患。例如,保教人员与幼儿家长分工不清晰,沟通不当,容易导致部分情绪高涨的幼儿处于"两不管"状态,存在极大安全隐患。

外出活动中常见的安全事故既包括个体伤害事故(磕伤、烧伤、摔伤等),也有群体伤害事故(食物中毒、踩踏事故、火灾、交通事故等)。因为幼儿园往往是幼儿外出活动的组织者,所以幼儿园对参与活动的全体幼儿负有安全管理职责,即使有家长参与外出活动,幼儿园也仍然对幼儿负有安全管理职责。一旦发生安全事故,园方需要依法承担法律责任。

三、造成外出活动环节安全事故的原因

图 2 - 3 - 3

1. 外出活动场地及设备因素

(1)外出活动场地规划不合理,区域划分不清,容易造成拥挤踩踏事件。

(2)外出活动场地面积过大,容易造成幼儿走失;场地面积过小,容易导致拥挤、摔倒事故。

(3)外出活动场地器材不适宜,设施设备陈旧、故障等,容易导致幼儿摔伤,见图 2 - 3 - 3。

2. 保教人员组织不当因素

(1)园所负责人规划部署不合理。外出活动前,园所负责人未提前制订外出方案,未查明参观游览部门的资质,未实地考察游览场地,未明确游览内容和具体路线,未慎重选派出行车辆,未向家长说明情况且家长未签署《家长告知同意书》,未提前进行园内各部门人员的部署沟通等情况,这些都容易导致外出活动现场混乱,造成意外事故的发生。

(2)保教人员准备不足、组织不当。保教人员在活动前的准备工作不足。例如,未对幼儿进行针对性的安全教育,未提前与家长做好沟通,未提前了解幼儿身体状况,未提前检查幼儿着装等情况,都存在极大安全隐患。保教人员在活动过程中疏于管理,组织不当。例如,教师与保育员分工不明确,导致幼儿外出活动现场秩序混乱,发生幼儿踩踏、走丢、摔伤等事故。保教人员扎堆聊天,对幼儿情况不予关注,导致幼儿身体不适时,无人问津,见图 2 - 3 - 4。

图 2 - 3 - 4

3. 幼儿自身因素

（1）幼儿着装不适。幼儿的鞋子不合适，或衣服内携带细小物品或尖锐物品等，造成幼儿摔伤、划伤等。

（2）个别幼儿不遵守秩序。个别幼儿在途中，嬉戏打闹，不慎摔伤。又如个别幼儿贪玩，自行离队或跟错队伍，造成严重的幼儿走丢事故。

（3）同伴冲突。在外出参观游览时，个别幼儿因争抢东西而发生打斗，造成意外伤害。

（4）幼儿自控能力较差。幼儿在外出活动中往往处于情绪兴奋状态，缺乏生活经验和控制协调能力，容易与他人、器械发生碰撞等事故。

四、预防外出活动环节安全事故的措施

1. 活动前排除安全隐患

（1）园所负责人提前做好规划部署。外出活动前，园所负责人要提前制订好合理的外出方案；上报审批；提前了解外出参观部门的资质并实地考察；联系相关部门负责人确认游览内容和具体路线；选派安全车辆出行，出发前再次检查车辆安全并时刻关注车辆行进信息；做好园内各部门人员部署与家长宣传工作，并成立针对外出活动的安全工作小组。

（2）提前做好家长宣传与沟通工作。保教人员要召开家长会，向家长耐心说明活动目的与具体信息等，为家长解读《家长告知同意书》并请家长签字。值得一提的是，保教人员一定要向家长询问幼儿的身体健康情况，提前做好相关处理与准备。

（3）提前检查外出活动场地及设备安全。保教人员要协助园所负责人及安全工作小组提前做好场地、器械的检查和准备工作。例如，提前检查场地和活动区域，查看规范是否清晰，面积是否合理，器材与设施设备是否安全。

（4）提前准备适宜的外出活动物品。要根据外出活动的目标和内容提前为幼儿准备适宜的外出活动物品。如教师准备好班级标志牌等物品，保育员还要随身携带一些外出活动的必备物品，如：纸巾、干毛巾、塑料袋、防蚊水等。在出发前也要反复检查幼儿衣着是否适宜，是否携带危险物品等。

（5）提前对幼儿进行外出活动的安全教育。要根据活动内容、安全等方面向幼儿提出相关的要求。例如，提醒幼儿在外参观时不可以跟陌生人走，不要吃陌生人给的食物等，增强幼儿自我保护的意识。

2. 活动中保教人员有效组织

（1）关注全体幼儿，及时看护。活动中要反复清点幼儿人数，确认全体幼儿在场。教师与保育员提前分工，关注观察班级全体幼儿，为幼儿提供及时的帮助。

（2）关注幼儿身体状况。在行进过程中，保教人员要时刻关注幼儿的身体状况，如有个别幼儿出现不适，及时送往相关医疗卫生场所诊治。

（3）安全、有序地组织幼儿上下车。组织幼儿安全、有序地上下车，上车之前、下车之后都要清点幼儿人数。保育员与教师要分工合作，一个在车上，一个在车门处，一个在幼儿队伍后方，共同组织幼儿有序上下车。幼儿上车后保教人员要帮助幼儿系好安全带，提醒幼儿不要在车上随意走动，不要将头和手伸出窗外等。

（4）组织幼儿排队，保持有序行进。保教人员不可扎堆聊天，应该分工合作，在幼儿队伍的头、中、尾各分配一人，防止幼儿发生打闹、拥挤、踩踏等事故。行进途中，保教人员要提

醒幼儿眼睛看前方,不要交头接耳,慢慢行走。

(5)随时关注、提醒幼儿。保教人员要引导幼儿安全、有序地参观、游览,不要与同伴随意奔跑、打闹,时刻注意安全。

(6)巡视场地,个别指导。要跟随幼儿队伍走动,巡视指导,幼儿遇到困难,要及时帮助,排除幼儿身边的不安全因素,不得放任幼儿私自离开场地。

(7)抓住随机教育的契机。例如,在外出活动中保教人员引导幼儿自带垃圾袋,不随地乱扔垃圾。

(8)做好活动后护理。保教人员要在参观游览后,组织幼儿安全、有序地返回幼儿园,并清点幼儿人数和幼儿物品。返园后保教人员依然要组织幼儿开展常规的生活活动,如组织幼儿盥洗、饮水,整理物品、离园等,见图2-3-5。

图 2-3-5

3. 活动后强化幼儿安全教育

(1)帮助幼儿了解外出活动的重要性。在日常教育中保教人员要帮助幼儿区分安全与危险的行为与事物,提醒幼儿不要轻信陌生人,不要随意吃陌生人给的食物,提升幼儿的安全意识。

(2)鼓励幼儿在活动前检查自己的着装和行李物品,要求幼儿衣着适宜、整齐,系紧鞋带,提高幼儿的自我保护能力。

(3)增强幼儿的规则意识,提升幼儿的理解能力。引导幼儿在一日生活中逐渐形成规则意识,在游戏与互动中提升理解能力,听懂老师的指令。

(4)锻炼幼儿的倾听与表达能力。鼓励幼儿大胆表达自己的想法,说出自己的困难,学会求助。

(5)在日常生活中培养幼儿良好的卫生习惯。提醒幼儿要注意文明用语,爱护公物,爱护大自然,不乱垃圾。

工作实施

根据岗位实际情况,结合你获取的信息,制订幼儿外出活动安全防护方案。

幼儿外出活动安全防护方案

班级:＿＿＿＿＿＿

岗位:＿＿＿＿＿＿

一、方案制订目的

二、方案制订依据

三、预防幼儿外出活动安全问题具体措施(见表 2-3-6)

表 2-3-6 幼儿外出活动安全防护措施

工作内容	防护重点	具体操作

小提示

可以从导致幼儿外出活动安全问题的原因、外出活动环境存在的安全隐患、实际工作情境等方面,分析阐述制订依据。

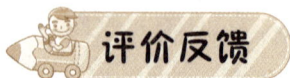

评价反馈

请扫描二维码,观看微课,结合微课内容对你的任务完成情况进行打分,请认真思考你的方案有哪些不足并做出完善和优化。

微课 2 - 3

表 2 - 3 - 7 评价表

评价指标	满分	评价等级			等级	分项得分
		优	良	一般		
方案逻辑清晰、表述规范	20	18～20	15～17	12～14		
内容详实,无知识性错误	20	18～20	15～17	12～14		
涵盖工作岗位的每一项工作内容	20	18～20	15～17	12～14		
能结合不同岗位特点,有具体的工作要求	20	18～20	15～17	12～14		
符合实际工作场景,可行性较好	20	18～20	15～17	12～14		

项目三　幼儿意外伤害的应急处理

　　儿童意外伤害是全球性的公共卫生问题,已经成为危害儿童生存质量的主要原因。调查显示,意外伤害是中国 14 岁以下儿童的首要致死原因,已经超过了疾病对儿童的伤害。幼儿园阶段是人生当中非常关键的一个阶段,幼儿的认知水平、动作协调能力、情感能力、社会化水平、自我意识等都在不断发展。在这个阶段,他们需要积极参与社会生活,逐渐成为活动中的实践者。但是,整体来说,幼儿还不能很好地控制自身行动,知识经验比较缺乏,安全意识也比较薄弱,所以幼儿园作为幼儿聚集的场所,易成为意外伤害的多发区域。因此,作为幼儿园保教人员,熟悉并掌握幼儿常见的意外伤害应急处理方法尤为重要。这里主要选取了"烧(烫)伤""异物入喉""小外伤""骨、关节及肌肉损"伤这几类幼儿常见的意外伤害应急处理为主要学习内容,我们要能识别各种幼儿意外伤害的体征,了解意外伤害对幼儿产生的危害,分析幼儿意外伤害产生的原因,能根据岗位实际情况初步制订幼儿意外伤害处理步骤说明图。

知识目标

1. 了解幼儿意外伤害的类型,熟悉各类幼儿意外伤害的体征。
2. 掌握各类幼儿意外伤害的处理步骤及措施。
3. 知道各类幼儿意外伤害的危害。

能力目标

1. 能根据幼儿体征识别幼儿意外伤害的类型。
2. 能分析各类幼儿意外伤害的常见原因。
3. 能初步评估幼儿意外伤害的程度,实施应急处理方案。
4. 能通过探究学习的方式,结合岗位要求完成幼儿意外伤害应急处理步骤说明图。
5. 能通过自主查阅资料解决问题,并能与小组成员合作分工,共同完成任务。

素养目标

1. 具备对幼儿意外事件处理的能力和安全防护的意识。
2. 懂得及时、规范的救助对幼儿意外伤害应急处理的重要意义。

任务 1　烧（烫）伤的应急处理

3—6 岁幼儿正处于身心急速发展阶段，身体的协调性较差，好模仿，缺乏一些必要的生活经验，自我保护意识较差，常常不能预见自己的行为会产生什么后果，使得意外伤害频繁发生。而烧（烫）伤是最常见的意外伤害之一，会给幼儿的身体和心理造成巨大的伤害，严重时甚至会威胁其生命。但是，如果在幼儿发生烧（烫）伤时能得到及时、正确的救治，将有效降低伤害的程度。作为未来的幼儿保教人员，我们要掌握专业的烧（烫）伤应急处理方法，保障幼儿的安全。

学习情境

午饭时间，保育员刘老师拿着自己的饭菜和汤从大厅走过。一名幼儿急速跑来，两人撞到一起。汤倒翻在幼儿的胳膊上，幼儿的胳膊立刻红了起来，刘老师马上用手擦拭幼儿胳膊上的伤口，幼儿尖叫起来。刘老师立即带着幼儿来到附近的医院检查，经医生诊断为 2 度烫伤，所幸伤口较小。但由于当时处理不当，幼儿伤口的皮破了，造成了感染。

学习目标

知识目标

1. 了解幼儿烧（烫）伤的常见类型，熟悉幼儿烧（烫）伤的体征。
2. 掌握幼儿烧（烫）伤的处理步骤和措施。
3. 知道烧（烫）伤对幼儿产生的危害。

能力目标

1. 能根据幼儿的症状或体征初步识别幼儿烧（烫）伤的类型。
2. 能分析幼儿烧（烫）伤的常见原因。
3. 能初步评估幼儿烧（烫）伤的程度，实施应急处理。
4. 能通过探究学习的方式，结合岗位实际情况完成幼儿烧（烫）伤应急处理步骤说明图。
5. 能够通过自主查阅资料解决问题，并能与小组成员合作分工，共同完成任务。

素养目标

1. 懂得及时、规范的救助对幼儿烧（烫）伤应急处理的重要意义。
2. 具备对幼儿烧（烫）伤事件处理的能力和安全防护的意识。

任务书

保证幼儿生命健康和安全是保教人员的天职,请你结合所学知识和岗位实际情况,完成幼儿烧(烫)伤应急处理步骤说明图,以减少幼儿在烧(烫)伤事件中受到的伤害。

要求

1. 步骤说明图要符合幼儿园实际工作情况。

2. 步骤说明图要可操作性强,步骤清晰。

3. 步骤说明图可有效帮助教师、保育员和家长正确处理幼儿烧(烫)伤事件,减少对幼儿的伤害。

工作计划

想一想,你打算采用什么方法,通过哪些途径,获取哪些方面的知识内容?请你与小组成员协商并制订自己的计划,填入表 3-1-1,以便更好地完成步骤说明图。

表 3-1-1　工作计划表

我需要获取哪方面的知识内容	如何获取	完成时间

获取信息

☆ **引导问题 1**　你了解幼儿烧(烫)伤吗？请你判断下面图片中的幼儿属于哪种类型的烧(烫)伤,见图 3 - 1 - 1。

烧(烫)伤类型：　　　　　烧(烫)伤类型：

图 3 - 1 - 1

☆ **引导问题 2**　同学们,你身上发生过烧(烫)伤吗？如果有,请你回忆一下当时的经历及处理方式？如果没有,你看到过身边的人有类似的经历吗？他们是如何处理的？

请分享你(他人)的烧(烫)伤经历和处理经过：

☆ **引导问题 3**　你知道发生烧(烫)伤后有哪些症状吗？请查阅相关资料,并与小组成员交流。将你们讨论的结果记录在下方。

烧(烫)伤症状：

☆ **引导问题 4**　在幼儿园中,容易造成幼儿烧(烫)事故的原因有哪些？请你分析以下案例发生的原因。

案例一　小班的亮亮特别喜欢到处探索,教室里的东西他都要去摸一摸、碰一碰,老师说过的一些安全注意事项他总是会忘。

原因分析：

案例二 保教人员熊老师喜欢喝热水,她从家里带来了电热水壶,放在幼儿活动区的旁边。水烧开后她也从不会把热水放在幼儿拿不到的地方。并且,熊老师也从未对幼儿做过相关的安全提醒。

原因分析:

案例三 一所农村幼儿园是由一户居民楼改装而成的,当时为了节约资金,水电设施都没有经过改造。电插座随处可见,幼儿很容易就能够触碰到。

原因分析:

☆ **引导问题 5** 生活中,我们在处理烧(烫)伤时可能会出现很多错误的方法。比如在学习情境的案例中,保育员刘老师在幼儿烫伤后,用手去擦幼儿的伤口,使幼儿烫伤处伤口破裂。想一想,还有哪些做法是错误的? 为什么? 请你查阅相关资料,完成表 3-1-2。

表 3-1-2　信息获取表

错误做法	错误原因分析	备注

☆ **引导问题 6** 请回顾学习情境中的案例,想想案例中的事故属于哪种烧(烫)伤? 当幼儿出现这一类型的烧(烫)伤时,保教人员应该怎样正确处理? 请你用角色扮演的方式展示。

学习支持

一、幼儿烧(烫)伤概述

1. 烧(烫)伤的概念

烧(烫)伤主要是指各种热源、电击等作用于人体后造成的特殊损伤,是幼儿意外伤害的重要类型。狭义的烧(烫)伤主要指热力烧(烫)伤,如热液(水、汤、油等)、蒸汽、高温气体、火焰、炽热金属液体或固体(钢水、钢锭等)所造成的烧(烫)伤,其中,热液、蒸汽等所致的伤害称为烫伤。在幼儿园的工作实际中,习惯将二者放在一起讨论。

(1) 热源烧(烫)伤。主要指热液、热蒸汽、热的物体表面及火焰等热源导致的伤害。其中,幼儿烧(烫)伤事件超过 90% 是由热水、热粥、热汤、热牛奶、热油等热液引起的。热液的温度超过 50℃,数秒之内皮肤就会严重受损。而幼儿皮肤娇嫩,即使温度不超过 50℃,也会对幼儿的皮肤造成严重的伤害。面积较小、较浅表的热源烧(烫)伤,除烫伤部位皮肤变红、有疼痛感外,对幼儿全身影响不大;面积较大、较深的热源烧(烫)伤则会出现烫伤部位红肿、起水泡、脱皮,无尿或者少尿等症状。

(2) 电击伤。俗称触电,主要为各种电器、插座、开关等设备引发的触电伤害。电击伤有轻度和重度之分。轻度的电击伤只会使伤者出现局部皮肤变红,面色苍白、头晕、短暂意识丧失等症状;严重的电击伤会伤及组织内部深处的肌肉和骨骼,而皮肤表面仅表现为轻微损伤,但有时会导致呼吸心跳停止、休克等严重后果。

2. 烧(烫)伤对幼儿的危害

烧(烫)伤对幼儿的危害要依据受伤的严重程度来定,而烧(烫)伤的严重程度受多种因素的影响,主要包括烧(烫)伤的面积、烧(烫)伤的部位、烧(烫)伤的深度等。

(1) 烧(烫)伤的面积。受伤面积越大往往也就意味着受伤越严重。一个手掌约为 1% 的体表面积,如果幼儿烧(烫)伤的面积超过体表面积的 1%,需要立即送往医院处理。

(2) 烧(烫)伤的部位。面部、手、脚或者生殖器烧(烫)伤比其他部位的烧(烫)伤严重,需要立即送往医院处理。

(3) 烧(烫)伤的深度。按受伤深度区分,烧(烫)伤一般分为 3 度:1 度烧(烫)伤只伤及表皮层,受伤的皮肤发红、肿胀,伤者觉得火辣辣地痛,但无水泡出现;2 度烧(烫)伤伤及真皮层,局部红肿、发热,疼痛难忍,有明显水泡;3 度烧(烫)伤伤及全层皮肤包括皮肤下面的脂肪、骨和肌肉,皮肤焦黑、坏死,这时反而疼痛不剧烈,因为许多神经也都一起被损坏了。若幼儿发生了烧(烫)伤,保教人员可以参考表 3-1-3 做深度评估。

表 3-1-3 烧(烫)伤深度及其表现

烧(烫)伤深度	受伤范围	伤口特点
1 度	表皮层	局部红肿、无水泡、轻中度疼痛
2 度	真皮层	局部红肿、有水泡、疼痛感明显
3 度	全层皮肤	皮肤焦黑、基本无痛感

总的说来,1度烧(烫)伤和2度烧(烫)伤不会危及幼儿的生命安全,除了皮肤出现红肿、有剧烈的疼痛感外,一般数天后创伤能够愈合,也不会留下疤痕;3度烧(烫)伤是最严重的烧(烫)伤,容易使幼儿出现休克、肾功能衰竭、肺部感染、脑水肿等并发症,会对幼儿的身体健康、心理健康、人际交往、家庭等造成严重的影响。

二、幼儿园中造成幼儿烧(烫)伤的原因

近年来,幼儿在园意外事故的处理日渐成为人们关注的焦点。有研究表明,3—6岁幼儿在园意外伤害发生率为46.10%。而烧(烫)伤是我国幼儿园意外伤害的重要原因之一。导致幼儿烧(烫)伤的原因主要有幼儿自身原因、保教人员原因和幼儿园环境原因。

1. 幼儿自身原因

幼儿烧(烫)伤在生活中很常见。幼儿神经系统发育不成熟,且刚开始学会独立活动,对周围环境不熟悉,自控能力不强,自我保护意识差,加之好奇心特别强,极易发生烧(烫)伤意外。

幼儿皮肤比较薄嫩,在同等热力作用下,对成人不一定会造成伤害,却有可能烫伤幼儿。因为对危险的防范意识差,碰到盛有热汤、热粥、热开水或者电源物时,幼儿会去抓碰,从而很容易发生烧(烫)伤。而随着年龄的增长,幼儿发生烧(烫)伤的概率呈逐渐下降的趋势。

2. 保教人员原因

烧(烫)伤事故也与保教人员缺乏预防知识有一定关系。保教工作面对的是活生生的幼儿,尽管保教人员恪尽职守,也难免发生一些令人痛心的幼儿伤害事故。若保教人员没有及时地对幼儿进行安全预防教育,对危险的防范意识不足;监管不周,没有管理好幼儿活动范围内的热源;对于电插座、插头不做防范措施,没有考虑到幼儿好奇心强,喜欢用手去触摸这些带电的插孔的特点,都会增加幼儿发生烧(烫)伤的概率。

3. 幼儿园环境原因

据调查研究,生活在农村地区的幼儿发生烧(烫)伤的概率要明显高于生活在城市地区的幼儿。由此可见,幼儿发生烧(烫)伤事故与居住环境或者生活环境有着密切的关系。某些农村幼儿园居住环境较差,热源、电器等物品随处可见,在幼儿活动的范围内,很容易接触到这些危险的物品,从而导致烧(烫)伤的发生。

三、幼儿烧(烫)伤的应急处理

在幼儿园最常见的烧(烫)伤类型为热液烧(烫)伤,这里我们对这一类型的幼儿烧(烫)伤处理步骤及措施做具体说明。具体处理方法可参考以下步骤:

(1)观察现场。确保周围环境的安全,寻找引发幼儿烧(烫)伤的原因,让幼儿脱离热源环境,并请其他教师维护现场秩序。

(2)评估幼儿烧(烫)伤的情况。着重了解幼儿受伤的面积、部位、程度等情况。

(3)安抚幼儿的情绪,迅速实施应急处理。热液烧(烫)伤的应急处理的关键步骤可以概括为:冲→脱→泡→盖→送。

① 冲:立即用流动水冲洗受伤部位20分钟左右,或者将受伤部位浸泡在冷水中,以快速降低皮肤表面的温度,清洁创面,减轻损伤和疼痛,见图3-1-2。如果受伤的部位不容易清洗(比如头部),可用湿毛巾(1—2分钟更换一次)或者用毛巾包住冰块冷却受伤部位,见图3-1-3。

图 3－1－2

图 3－1－3

② 脱：如果烧（烫）伤部位有衣服，在水中小心脱去，见图 3－1－4，或者剪开受伤处的衣服；若衣服与伤口皮肤粘连，不要强行撕扯衣服，保留粘连处让医生处理。

③ 泡：接着将幼儿受伤处浸泡在干净的冷水中 10 分钟（注意不能用冰水），可以减轻幼儿的疼痛。但是如果烧（烫）伤部位面积比较大，不能浸泡太久，以免体温下降过快，见图 3－1－5。

图 3－1－4

图 3－1－5

④ 盖：用保鲜膜轻轻地覆盖在幼儿烧（烫）伤的部位，避免受伤处粘连，然后用无菌纱布包好，见图 3－1－6、图 3－1－7。

如果幼儿烧（烫）伤出现以下几种情况，请立即送医处理：烧（烫）伤的面积超过幼儿一个手掌的面积；烧（烫）伤部位皮肤变成黑色或似皮革样；面部、手、脚或者生殖器烧（烫）伤；幼儿意识、呼吸出现异常。

⑤ 送：上面 4 步做完之后，根据幼儿烧（烫）伤的情况决定是否送医处理。浅层的、小范围的热液烧（烫）伤不用送医，但是如果情况严重，应当立即送医处理。

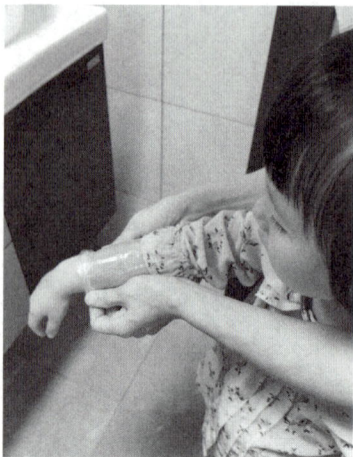
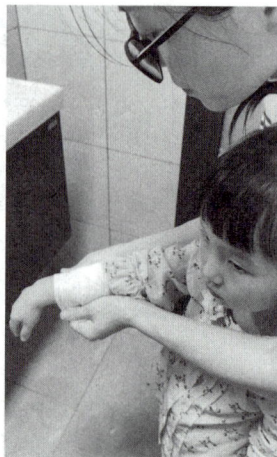

图 3 - 1 - 6　　　　　　　　　　　　　　图 3 - 1 - 7

（4）沟通与跟踪。与相关人员（主要是家长和园领导）做好有效沟通，并对幼儿的伤口情况进行跟踪。

（5）记录归档。

四、幼儿烧（烫）伤的处理误区

生活中，有的人经常会运用一些民间土法处理幼儿的伤口，而这些不专业的处理方式会对幼儿的伤口造成更加严重的损伤。

（1）直接用酱油、牙膏、小苏打、食用碱等物品涂抹在幼儿烧（烫）伤处。这样做不但不会减轻幼儿的伤情，而且还会刺激伤口创面，加深受伤的程度，增加伤口感染的风险，加重幼儿的痛苦。

（2）直接用冰块敷在幼儿烧（烫）伤处，会引起二次损伤。

（3）烧（烫）伤且烧（烫）伤处有衣物粘连，直接将衣物去除，会引起烧（烫）伤处的进一步损伤。

（4）烧（烫）伤处有水泡，用尖锐的东西去刺破，反而会引起伤处感染，因为水泡可以预防伤处感染。

任务实施

请你结合岗位实际情况和获取的信息,小组合作,完成幼儿热液烧(烫)伤应急处理的步骤说明图。

幼儿热液烧(烫)伤应急处理步骤说明图

班级:_____

岗位:_____

小提示

1. 你可以以小组合作方式进行角色模拟并拍照制作步骤说明图,也可以在网络上搜集相关图片。当然,你也可以有自己的思路。

2. 你可以用文字对照片或图片进行描述说明,当然你也可以有自己的思路。

评价反馈

请扫描二维码,观看微课,结合微课内容对你的任务完成情况进行打分,请认真思考你的步骤说明图有哪些不足并做出完善和优化。

微课 3－1

表 3－1－4　评价表

评价指标	满分	评价等级			等级	分项得分
		优	良	一般		
步骤图清晰规范	20	18～20	15～17	12～14		
无知识性错误	20	18～20	15～17	12～14		
涵盖工作岗位的每一项工作内容	20	18～20	15～17	12～14		
能结合不同岗位特点,有具体的工作要求	20	18～20	15～17	12～14		
符合实际工作场景,可行性较好	20	18～20	15～17	12～14		

任务 2　异物入喉的应急处理

　　异物入喉是幼儿较为常见的意外伤害类型。成人的安全意识不足和错误的喂养方式等，都有可能造成幼儿将一些异物放进口中。再加上幼儿天生好动，且幼儿的咀嚼功能、喉防御反射等生理功能不完善，对进入口中的异物不能做出及时的反应，异物就会进入气管或支气管中，造成气道阻塞，引发呼吸困难甚至窒息。如果异物长期留在气管中，刺激气管黏膜，就可能引发炎症。保教人员务必掌握异物入喉的处理步骤，以防止意外情况的发生。

学习情境

　　幼儿吃饭的时候，保育员刘老师正在教年龄较小的幼儿吃饭，突然听到了一阵吵闹声，抬头一看，发现清清小朋友一直把手伸进喉咙并且表情很痛苦。喉咙不舒服导致清清一直哭闹，把饭菜都打翻了。主班教师熊老师见状马上来到清清身边给他拍背，见不奏效就用手去扣清清嘴里的饭菜。清清不适的症状仍没有减轻，熊老师急忙将幼儿送到了医务室。保健医生处理完后告诉刘老师，如果清清再晚送来一分钟就危险了。

学习目标

知识目标

1. 了解幼儿异物入喉的类型及体征。
2. 掌握幼儿异物入喉的处理步骤和措施。
3. 知道幼儿异物入喉的危害。

能力目标

1. 能分析幼儿异物入喉产生的原因。
2. 能初步评估幼儿异物入喉的危害程度，实施应急处理方案。
3. 能通过探究学习的方式，结合岗位实际情况完成幼儿异物入喉应急处理步骤说明图。
4. 能通过自主查阅资料解决问题，并能与小组成员合作分工，共同完成任务。

素养目标

1. 具备对幼儿异物入喉的应急处理能力和安全防护意识。
2. 能树立"时间就是生命"的急救意识和"救人于危难"的责任意识。

任务书

　　事故的发生往往在一瞬间，而结果却让人痛心不已。在幼儿发生异物入喉事故后进行科学、及时的处理，对减轻幼儿伤害尤为重要，请你结合岗位实际情况，完成幼儿异物入喉应急处理步骤说明图。

> **要求**
> 1. 步骤说明图要符合幼儿园实际工作情况。
> 2. 步骤说明图要可操作性强，步骤清晰。
> 3. 步骤说明图可有效帮助保教人员和家长正确处理幼儿异物入喉事件，减少对幼儿的伤害。

工作计划

　　想一想，你打算采用什么方法，通过哪些途径，获取哪些方面的知识内容？请你与小组成员协商并制订自己的计划，填入表 3－2－1，以便更好地完成步骤说明图。

表 3－2－1　工作计划表

我需要获取哪方面的知识内容	如何获取	完成时间

获取信息

☆ **引导问题 1**　同学们,你遇到过异物入喉的情况吗? 如果有,请你回忆一下当时的经历及处理方式。如果没有,你看到过身边的人有类似的经历吗? 他们是如何处理的?

请分享你(他人)的异物入喉的经历和处理经过:

☆ **引导问题 2**　你知道发生异物入喉有哪些症状吗? 请查阅相关资料并与小组成员进行交流。将你们讨论的结果记录在下方。

异物入喉症状:

☆ **引导问题 3**　在幼儿园中,容易造成幼儿异物入喉的原因有哪些? 认真阅读以下案例并分析事故发生的原因。

案例一　4 岁的丽丽很喜欢吃鱼。之前家长担心丽丽被鱼刺卡喉就喂她吃,喂了几次丽丽要求自己吃,家长观察了几次看到没事就让丽丽自己吃。这天,丽丽吃着吃着就大哭起来,说鱼刺卡在喉咙里了。家长大惊失色,连忙带着丽丽去了医院。

原因分析:

案例二　熊老师上课时发现自己的纽扣掉在地上了,由于衣服没有兜,就随手放在讲台旁边的置物架上,想着下课后将纽扣收走。下课后由于要去和园长商量"六一"儿童节活动的事就忘记了,结果班上的小朋友不小心将纽扣误食了。

原因分析:

案例三　中班的睿睿很喜欢和小朋友们玩,连吃饭的时候都想和大家玩。这天,睿睿吃饭很快、很急,还边吃边说话,说着说着就突然开始剧烈咳嗽,脸憋得通红。

原因分析:

案例四 1岁的豆豆最近长了8颗牙,看见什么都想吃,看到了一个果冻,闹着要吃。家长心想果冻这么软,吃下去应该没事,就试着给豆豆咬一咬。结果豆豆一吸就咬了一大半,果冻就堵在喉咙口。

原因分析:

☆ **引导问题 4** 生活中,在处理异物入喉时可能会采用错误的方法。比如,在学习情境案例中,熊老师盲目用手去扣嘴里的异物,还帮幼儿拍背,这些都有可能将幼儿嘴里的异物推至更远,导致幼儿窒息。想一想,还有哪些做法是错误的? 为什么? 请同学们查阅相关资料,完成表 3-2-2。

表 3-2-2　信息获取表

错误做法	错误原因分析	备注

☆ **引导问题 5** 请回顾学习情境中的案例,如果是你,你会如何处理幼儿异物入喉事件的发生? 请你用角色扮演的方式展示。

学习支持

一、异物入喉概述

人体的气管和食管共用一个通道,会厌软骨会把气管和食管分开。呼吸时,会厌软骨会抬起来,让空气进入气管;吞咽时,会厌软骨会盖住气管,以免食物进入气管。但是幼儿的会厌软骨发育不完全,容易导致异物入喉。据美国急救医学流行病学调查,美国每年约有500~2 000 例患者死于气道异物误吸,伴有窒息、心脏骤停、肺炎等并发症。儿童、老人是最常见的人群,死亡率高达 2/3。其中,95% 发生在 5 岁以下幼儿群体中。在幼儿气道梗阻异物中,有 85% 是植物类,包括花生米、瓜子仁、豆子、米饭、玉米、水果等,这些都是我们日常生活中经常吃到的食物,另外还有一些幼儿玩的玩具等。幼儿在接触这些物品的过程中,都有可能导致意外事故的发生。

1. 异物入喉的体征

(1)剧烈咳嗽。在没有生病的前提下幼儿突然剧烈咳嗽。

(2)表情痛苦。由于异物的刺激,导致幼儿眉头紧锁,表情痛苦。

(3)呼吸困难。由于异物进入喉咙后幼儿会感到呼吸困难,一般表现为幼儿感觉吸气十分费力,严重时甚至无法发声。

(4)呕吐。如果异物停留在喉咙处,幼儿会出现呕吐现象。

(5)嘴唇、脸色青紫。由于异物进入呼吸道导致人体缺氧,幼儿的嘴唇、指甲、脸色会出现青紫色。

(6)"V"形手势。异物入喉时,幼儿会不自觉地将手放在颈部,形成"V"形手势。

2. 异物入喉的危害

异物入喉是幼儿较为常见的意外伤害。幼儿天生喜欢探索且缺乏保护意识,加上成人错误的喂养方式和安全防范等,幼儿容易将各种细小颗粒物品放入嘴里,比如坚果、玩具零件、果冻、糖果、硬币、电池等。但是,幼儿的咀嚼功能、喉防御反射功能不完善,对进入口中的异物不能做出及时的反应,这些异物就会进入气管或支气管中,造成气道阻塞,引发呼吸困难。如果进入支气管的异物较小,就会导致幼儿剧烈咳嗽、憋气、呼吸困难等症状;如果异物长期在支气管存留,刺激气管黏膜,就可能产生炎症,如支气管炎、肺炎等;如果异物较大,可能会阻塞气道,使幼儿呼吸困难。这时,如果不及时抢救,幼儿 3~4 分钟内就会因缺氧而窒息死亡,即使有时能抢救成功,也常因脑部缺氧时间过长而导致幼儿瘫痪、智力低下等后遗症。

二、发生异物入喉事故的原因

幼儿异物入喉是耳鼻咽喉科常见危急疾病之一,多见于 5 岁以下的幼儿,导致幼儿异物入喉的原因主要有保教人员原因、家长原因和幼儿自身原因。

1. 保教人员原因

(1)保教人员疏忽。保教人员在组织教学活动或者平时休息时,没有注意收纳细小颗粒物品,比如教玩具的零件或者生活用品等,幼儿拿到后都有可能发生异物入喉的事故。

（2）组织就餐不到位。幼儿在就餐时，保教人员如果催饭、播放动画片等，都有可能导致幼儿出现异物入喉的事故。

（3）食物选择不到位。如果幼儿吃的食物过干、过硬或者处理不到位，在咀嚼吞咽时就会产生困难，食物就容易进入气管。

2. 家长原因

（1）家长疏忽。家长缺少对异物入喉事件的防范意识，比如说没有仔细收纳好家里的颗粒物品，幼儿在玩一些零件玩具时没有细心照看。

（2）错误的喂养方式。部分家长为了能让幼儿多吃点饭，在幼儿进餐时会给幼儿播放动画片或者和幼儿讲话，分散幼儿注意力。这些方式都有可能导致意外事故的发生。

（3）错误的游戏方式。有些家长和幼儿玩用嘴接食物的游戏，比如用嘴接花生米。直接抛进幼儿嘴里，幼儿可能来不及反应直接吞入气管。

3. 幼儿自身原因

（1）相关功能发育不完善。幼儿的会厌软骨功能还未发育完善，对进入气管的异物不能及时做出反应。

（2）进餐习惯不良。由于幼儿的年龄特征，他们在进餐时喜欢追逐打闹，和同伴说话并且吃饭速度快，这些都有可能造成意外事故。

三、幼儿异物入喉的应急处理

1. 观察现场

快速地观察现场，确保现场环境安全。

2. 了解情况，联系相关人员

询问周围的幼儿或者根据幼儿旁边的物体，弄清楚是什么异物进入喉咙，并让其他的老师通知 120 急救中心和幼儿家长。

3. 实施急救

对于 1 岁以上的幼儿，可以采用海姆立克急救法。这是由美国亨利·海姆立克医生发明的气管异物急救方法，其原理是突然增加胸膜腔内压的方法，以形成足够的呼出气的压力和流量，使气管内异物排出，包括立位腹部冲击法和仰卧位腹部冲击法两种。如果幼儿尚有意识，建议使用立位腹部冲击法来实施急救，具体操作方法如下：

（1）让幼儿保持站立，头稍低，背稍弓，双脚稍分开，施救者站在幼儿身后，脚成弓步状，前脚置于患者双脚间，见图 3－2－1。

（2）一手握拳，拳心向内按压于患者的肚脐和剑突之间的位置（肚脐向上两横指处），另一手置于拳头上方并握紧，见图 3－2－2。

（3）双手急速向内上方压迫腹部，反复有节奏、有力地进行，用形成的气流把异物冲击出来。

（4）检查口腔，如果异物已经被冲出，迅速用手将异物掏出来，异物取出后及时检查幼儿的呼吸心跳，看他是否恢复自主意识。

对于 1 岁以上并无意识幼儿建议使用仰卧位腹部冲击法来实施急救，具体操作方法如下：

（1）让幼儿保持仰卧位，放置在平整的地面上。

图 3 - 2 - 1

图 3 - 2 - 2

（2）施救者骑跨在患者大腿上或在患者两边,双手两掌重叠在患者肚脐上方,用掌根向患者的前下方实施有力的、有节奏的按压,反复进行,见图 3 - 2 - 3。

（3）检查口腔,如果异物已经被冲出,迅速用手将异物掏出来。异物取出后及时检查幼儿呼吸心跳,看他是否恢复自主意识,见图 3 - 2 - 4。

（4）如多次尝试后异物仍无法被取出,或者异物取出后无法恢复自主意识,应立即实施心肺复苏。

图 3 - 2 - 3

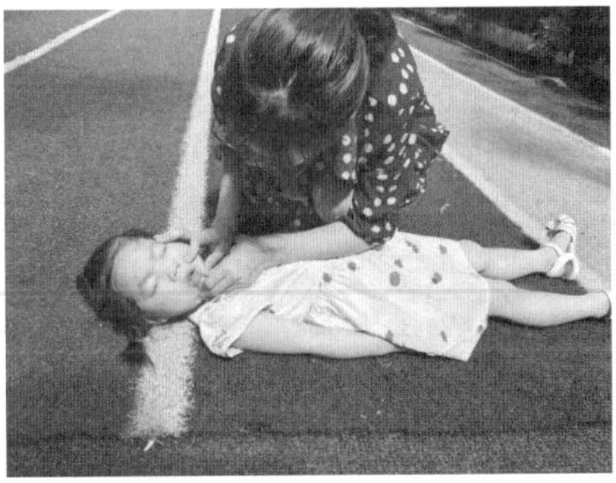

图 3 - 2 - 4

对于 1 岁以下的婴儿,则不建议使用海姆立克急救法,以免伤害婴儿的腹腔内器官,建议使用拍背压胸法,具体操作方法如下:

（1）让婴儿趴在施救者前臂,头朝下约 45°,一只手托起幼儿的下颌和颈部,并将手臂置于大腿上借力,见图 3 - 2 - 5。

（2）另一只手在婴儿背部两肩胛骨处用掌根拍背 5 次,每秒钟一次,根据患者年龄决定力量大小,见图 3 - 2 - 6。

（3）小心托住婴儿的头部和颈部,将婴儿翻正,保持婴儿的头部低于躯干,在婴儿胸骨下半段用食指及中指压胸 5 次,每秒钟一次,见图 3 - 2 - 7。

（4）背部拍击和胸部按压交替进行。

（5）检查口腔，如果异物已排出，迅速用手将异物掏出来，如多次尝试后异物仍无法被取出，或者异物取出后幼儿仍无法恢复自主意识应立即实施心肺复苏，直至急救人员到来。

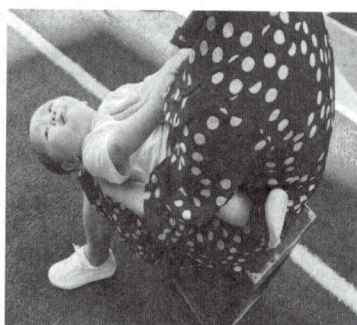

图 3-2-5　　　　　　　　　　图 3-2-6　　　　　　　　　　图 3-2-7

4. 事后工作

事后及时了解幼儿的健康状况，和幼儿、家长、同事详细沟通，做好记录归档工作。

四、幼儿异物入喉的处理误区

在幼儿园的实际工作中，由于保教人员对幼儿异物入喉的应急处理专业知识了解不够，通常会采用一些错误的方式来处理，不仅不能帮助幼儿，还可能让幼儿错过最佳的抢救时间，导致死亡。比如以下处理方式：

（1）发现幼儿被食物卡住已经嘴唇、脸色青紫，盲目用手去扣幼儿嘴里的食物。这样做会将食物推至更远至咽部。

（2）发现幼儿因异物入喉出现窒息情况，急于送往医院。一定要立即实施抢救，抓住黄金抢救时间，在抢救的同时，让在场的其他人员拨打急救电话。

（3）发现幼儿异物入喉后，给幼儿喝水。因为喝水可能会加剧堵塞，加重幼儿的窒息症状，特别是干果类，因为干果遇水会膨胀，导致卡得更严重。

任务实施

　　请你结合岗位实际情况和获取的信息，小组合作，完成幼儿异物入喉应急处理的步骤说明图。

幼儿异物入喉处理步骤说明图

班级：＿＿＿＿＿＿

岗位：＿＿＿＿＿＿

小提示

1. 你可以以小组合作方式进行角色模拟并拍照制作步骤说明图,也可以在网络上搜集相关图片。当然,你也可以有自己的思路。

2. 你可以用文字对照片或图片进行描述说明,当然你也可以有自己的思路。

评价反馈

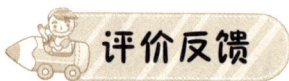

请扫描二维码,观看微课,结合微课内容对你的任务完成情况进行打分,请认真思考你的步骤说明图有哪些不足并做出完善和优化。

微课 3-2

表 3-2-3　评价表

评价指标	满分	评价等级			等级	分项得分
		优	良	一般		
步骤图清晰规范	20	18～20	15～17	12～14		
无知识性错误	20	18～20	15～17	12～14		
涵盖工作岗位的每一项工作内容	20	18～20	15～17	12～14		
能结合不同岗位特点,有具体的工作要求	20	18～20	15～17	12～14		
符合实际工作场景,可行性较好	20	18～20	15～17	12～14		

任务 3　小外伤的应急处理

　　幼儿在活动中经常打闹、奔跑、跳跃,所以很容易出现蹭破脸部、膝盖、胳膊等情况,尤其在夏季,幼儿穿衣较少,小外伤事件就更为常见。因此,幼儿园应该创建合理的幼儿园安全制度,明确详细的工作计划,降低小外伤事件等安全事故发生的概率。作为未来的幼儿保教人员,我们要掌握专业的小外伤应急处理的方法,保证在事故发生后能够进行及时、科学、规范的处理,降低事故对幼儿造成的伤害。

学习情境

　　5 岁的彤彤在参加游戏活动时,由于玩得太开心了,没有注意其他小朋友,被楠楠撞倒而受伤。主班教师苏老师和保育员张老师听到了彤彤的哭声,训斥了楠楠。然后,保育员张老师从兜里拿出卫生纸给彤彤擦了擦伤口,就让彤彤继续去玩了。而彤彤的伤口还在继续流血。离园时,彤彤的妈妈来接彤彤,发现彤彤的小臂有一处肿胀。经医生诊断,彤彤是严重擦伤并且伤口已经感染,随后缝了 3 针。事后,彤彤的家长多次找幼儿园索赔,法院判幼儿园一次性赔偿彤彤 6 000 元。

学习目标

知识目标

1. 了解幼儿小外伤的常见类型,熟悉幼儿小外伤的体征。
2. 掌握幼儿小外伤的处理步骤和措施。
3. 知道小外伤对幼儿产生的危害。

能力目标

1. 能根据伤口的症状或体征识别幼儿小外伤的类型。
2. 能分析幼儿小外伤的常见原因。
3. 能初步评估幼儿小外伤程度,实施应急处理。
4. 能通过探究学习的方式,结合岗位实际情况完成幼儿小外伤应急处理步骤说明图。
5. 能通过自主查阅资料解决问题,并能与小组成员合作分工,共同完成任务。

素养目标

1. 了解及时、规范的救助幼儿小外伤的重要意义。
2. 具备对幼儿小外伤事件处理的能力和安全防护的意识。

任务书

保证幼儿生命健康和安全,是保教人员的天职。请你结合所学知识和岗位实际情况,完成幼儿小外伤应急处理步骤说明图,以减少小外伤事件对幼儿的伤害。

要求

1. 步骤说明图要符合幼儿园实际工作情况。
2. 步骤说明图要可操作性强,步骤清晰。
3. 步骤说明图可有效帮助教师、保育员和家长正确处理幼儿小外伤事件,降低对幼儿的伤害。

工作计划

想一想,你打算采用什么方法,通过哪些途径,获取哪些方面的知识内容?请你与小组成员协商并制订自己的计划,填入表 3 - 3 - 1,以便更好地完成步骤说明图。

表 3 - 3 - 1　工作计划表

我需要获取哪方面的知识内容	如何获取	完成时间

获取信息

☆ **引导问题 1**　你了解幼儿小外伤吗？根据下面的提示判断图片中幼儿所受的伤属于哪种类型的小外伤，见图 3－3－1。

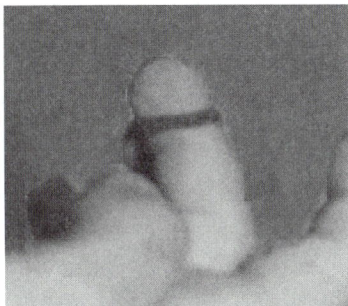

小外伤类型：

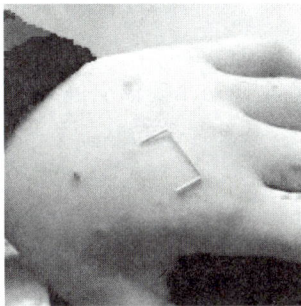

小外伤类型：

图 3－3－1

☆ **引导问题 2**　你发生过小外伤吗？如果有，请你回忆一下当时的经历及处理方式。如果没有，你看到过身边的人有类似的经历吗？他们是如何处理的？

请分享你（他人）的小外伤经历和处理经过：

☆ **引导问题 3**　容易造成幼儿小外伤事故的原因有哪些？请你分析以下案例发生的原因。

案例一　瑶瑶经常从家里带东西到幼儿园。有一天，她从家里带来了一把小刀，其他小朋友在区域活动玩耍的时候，瑶瑶拿出小刀开始玩起来。

原因分析：

案例二   大四班的小朋友们在做手工,主班教师王老师给他们提供了剪刀、针线。看到小朋友们做得特别认真,王老师和保育员李老师就开始聊天,谁也不去看小朋友做手工的情况。

原因分析:

案例三   小太阳幼儿园很少进行安全检查。小二班的窗户上有一块玻璃松动了,谁也没有发现。但是,每天都会有小朋友在那块松动的玻璃旁边玩游戏。

原因分析:

☆ **引导问题 4**   生活中,我们在处理幼儿小外伤时可能会使用很多错误的方法。比如在学习情境的案例中,保育员张老师在幼儿擦伤后,用卫生纸帮助止血,导致幼儿伤口感染。想一想,还有哪些做法是错误的?请查阅相关资料,完成表 3-3-2。

表 3-3-2   信息获取表

错误做法	错误分析	备注

☆ **引导问题 5**   请回顾学习情境中的案例,如果你是幼儿园中的保教人员,当幼儿出现小外伤时,应该怎样处理?请你用角色扮演的方式展示。

学习支持

一、幼儿小外伤概述

1. 小外伤的概念

小外伤一般是指比较轻微的、小范围的损伤，以皮肤损伤为主，是幼儿较为常见的意外伤害类型。由于皮肤是人体的第一道防线，在发生外伤时，皮肤最容易受伤。幼儿容易出现的小外伤主要包括擦伤、刺伤、切割伤、扭伤、指（趾）甲伤（砸、挤）、跌落伤等类型。其中，又以擦伤、刺伤、割伤最为常见。

2. 幼儿常见的小外伤类型和伤口特点

（1）擦伤。是钝性致伤物与皮肤表皮层摩擦而造成的以表皮剥脱为主要改变的损伤，又称为表皮剥脱，是开放伤中最轻的一类创伤。擦伤最常出现的部位是幼儿的面部、膝盖、肘部以及小腿的皮肤。幼儿皮肤擦伤后，受伤部位可能会出现以下几种症状：皮肤表层有肉眼可见的擦痕；创面有较多小出血点和组织液渗出，但量较少；伴有明显的疼痛感。

（2）刺伤。是指尖利的锐器（如钉子、针、竹签等）对皮肤所造成的创伤。刺伤看起来就是皮肤上的一个小洞，伤口深浅难以辨别，易伤及深部组织，或因伤口中有污染物残留，容易引发感染，尤其是厌氧菌感染。幼儿被尖锐物体刺伤后，受伤部位可能会出现以下几种症状：伤口处会形成一个小洞；伤口不会自行流血或少量流血；如有异物留存在伤口中，疼痛程度加重；如伤口并发严重感染可出现发热、寒战等相关菌血症表现。

（3）割伤。指皮肤受到刀片、玻璃碎片等锐器的划割而发生的破裂损伤。幼儿被锐器割伤后，受伤部位可能会出现以下几种症状：疼痛感比较明显；创面较整齐且面积小，但是一般出血较多；伤口多呈直线状，周围组织损伤较轻，伤口可深可浅。

3. 幼儿小外伤的危害

小外伤除了会给幼儿带来疼痛感外，还会对健康造成一定的影响，主要包括出血、感染及肿胀。

（1）出血。皮肤受到擦伤、刺伤或者切割伤，如果血管受到了损伤，就会发生出血的情况。当出血量较少时，保教人员不必惊慌，因为大部分小外伤引发的出血都不会危及幼儿的生命。

人体的血管按照构造和功能不同分为动脉血管、静脉血管和毛细血管 3 种。毛细血管是分布最广的血管，它是连接动脉血管和静脉血管，是血液和组织间物质交换的主要场所。通常情况下，小外伤引发的只是皮肤表层的毛细血管的破损，出血量较少，通过直接压迫即可将出血止住。静脉血管出血后虽然比毛细血管出血严重，但是因为静脉血管血液流速慢，直接压迫也可以较好地控制出血量。动脉血管比较粗大，血液流速很快，所以出血后最为严重，若没有及时控制可能会危及生命。

（2）感染。指细菌、病毒、真菌、寄生虫等病原体进入开放性伤口开始繁殖而引起的炎症反应。一般小外伤引发的感染范围较小，依靠自身的免疫系统就可以逐渐修复。但是，如果是刺伤，并且伤口较深的话，虽然出血量比较少，但是细菌病毒难以排出，所以刺伤感染的概率比较大。

（3）肿胀。是指由于发炎、淤血或充血，身体某一部分体积增大。肿胀会给幼儿带来明显疼痛感。当伤口处的淤血被吸收或者感染消失后，肿胀也会随着消退。

另外，有些幼儿有晕血症，一看到伤口流血脸色就会发白、恶心。甚至出现晕厥，但是正确护理后可恢复正常。所以，保教人员应当详细了解幼儿的病史，以避免其突然晕倒受伤。

二、幼儿园中造成幼儿小外伤的原因

造成幼儿意外受伤排前三位的是小外伤、烧（烫）伤、交通事故。可见，小外伤已经成为幼儿最常见的意外伤害类型之一。究其原因，主要与幼儿自身的心理特点和生理特点、保教人员的监护和安全教育以及环境等因素有关。

1. 幼儿自身原因

首先，幼儿的生理发展顺序是从大肌肉延伸到小肌肉。幼儿大肌肉群的发展需求使他们不知疲倦地进行各种跳跃等体能活动。但是幼儿的骨骼、肌肉、关节以及控制和协调运动的神经系统尚未发育完善，动作协调性差，反应不够灵敏，平衡能力弱，因此幼儿很容易发生小外伤。

其次，幼儿的皮肤非常细腻薄嫩，防御系统发育还不成熟，在外力的作用下易被感染和损伤。

最后，3—6岁的幼儿对周围的世界充满了好奇，但是他们对危险缺乏认知，缺乏自我保护意识。当他们在跑、跳、钻、爬及玩弄锋利工具时，容易造成皮肤擦伤、割伤或者刺伤等。

2. 保教人员的原因

幼儿发生小外伤除了与幼儿自身有一定关系外，与保教人员的看护不周和安全教育的缺乏有直接的关系。

如果在平时的教育中，保教人员没有或者很少对幼儿进行安全教育，在幼儿出现危险动作或者玩耍、使用危险工具时也没有及时制止，那么幼儿出现小外伤的概率会大大增加。例如，幼儿在户外活动时，保教人员聚在一起闲聊，幼儿因无人保护而发生伤害，这类事件时有发生。

3. 环境中的不利因素

《幼儿园管理条例》提出：幼儿园应当建立安全防护制度，严禁在幼儿园内设置威胁幼儿安全的危险建筑物和设施。但是，有的幼儿园设备陈旧、老化，安全防护措施不到位，设施不符合标准，导致幼儿擦伤、摔伤、死亡。如幼儿园的围墙、门窗、楼梯及室外大型玩具（滑梯、攀登架、秋千等）存在安全隐患，就容易发生事故，轻则伤及幼儿皮肤，重则危及生命。

三、幼儿常见小外伤的应急处理

小外伤一般不会影响幼儿的生命健康，但是为了防止伤情恶化，仍然需要及时做出正确的处理。具体处理可参考以下步骤：

（1）观察现场，确保周围环境的安全，安抚受伤的幼儿，请其他教师维护现场秩序。

（2）评估幼儿的伤口情况，着重了解幼儿受伤的原因、伤口类型、数量、部位，伤口内部有无异物、出血量及血流速度等情况。

（3）处理幼儿伤口。处理前要将双手清洗干净（七步洗手法），戴上医用防护手套并做如下处理：

①清洗：用棉签蘸取生理盐水从伤口中间向四周清洗伤口及周围皮肤（也可以用流动

水直接冲洗),可以将伤口及周围的污物去除。如果是刺伤,首先应将残留在伤口里的异物小心地拔出后,再清洗伤口,见图3-3-2。

　　② 止血:一般的小伤口可以自行止血,如果出血量比较多,可以用无菌敷料放在伤口处按压5分钟,并将伤口抬高至心脏以上位置,直到血止住,见图3-3-3。

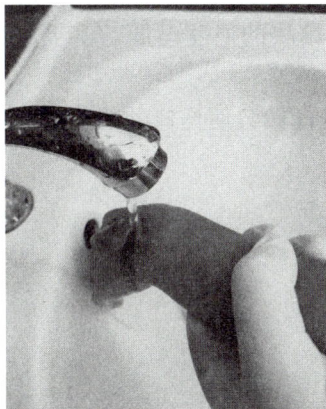
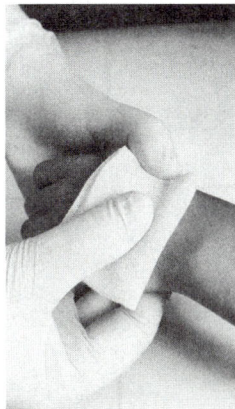

图3-3-2　　　　　　　　　　图3-3-3

　　③ 消毒:用棉签蘸取碘伏,从伤口中间向四周擦拭伤口及周围皮肤,可以预防伤口感染,见图3-3-4。

　　④ 包扎:如果伤口比较小,可以不用包扎;伤口比较大时,可以用创可贴或者纱布包扎。包扎可以避免伤口感染,但是要每天换一次纱布或者创可贴,见图3-3-5。

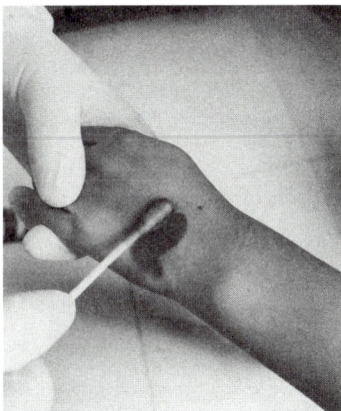

图3-3-4　　　　　　　　　　图3-3-5

　　注意　如果伤口比较严重,教师和保育员没有办法处理伤口,要及时送医治疗。
(4) 与相关人员(主要是家长和园领导)做好有效沟通,并对幼儿的伤口情况进行跟踪。
(5) 记录归档。

四、幼儿小外伤的处理误区

在幼儿园的实际工作中,保教人员经常会运用一些民间土法处理幼儿的伤口,这些不专业的处理方式会对幼儿的伤口造成更加严重的影响。比如以下错误的处理方式：

（1）用手或者卫生纸去清理伤口。手或者卫生纸不是无菌的，直接触碰幼儿的伤口会造成感染。

（2）在伤口处涂抹牙膏、草木灰、植物油等来帮助幼儿止血。这样做不但不会减轻幼儿的伤情，还会增加伤口感染的风险，加重幼儿的痛苦。

（3）用冰袋或者冰块冷敷。因为冰袋或者冰块的温度过低，直接敷在伤口处会造成伤口冻伤。

（4）用布条、橡皮筋等将伤口紧紧缠住。这样做会使伤口处的皮肤变紫或出现手指、脚趾发冷、发麻等。

任务实施

请你结合岗位实际情况和获取的信息,小组合作,完成幼儿小外伤应急处理的步骤说明图。

幼儿小外伤应急处理步骤说明图

班级:＿＿＿＿＿＿＿

岗位:＿＿＿＿＿＿＿

小提示

1. 你可以以小组合作方式进行角色模拟并拍照制作步骤说明图,也可以在网络上搜集相关图片。当然,你也可以有自己的思路。

2. 你可以用文字对照片或图片进行描述说明,当然你也可以有自己的思路。

评价反馈

请扫描二维码,观看微课,结合微课内容对你的任务完成情况进行打分,请认真思考你的步骤说明图有哪些不足并做出完善和优化。

微课 3-3

表 3-3-3 评价表

评价指标	满分	评价等级			等级	分项得分
		优	良	一般		
步骤图清晰规范	20	18～20	15～17	12～14		
无知识性错误	20	18～20	15～17	12～14		
涵盖工作岗位的每一项工作内容	20	18～20	15～17	12～14		
能结合不同岗位特点,有具体的工作要求	20	18～20	15～17	12～14		
符合实际工作场景,可行性较好	20	18～20	15～17	12～14		

任务 4 骨、关节、肌肉损伤的应急处理

骨、关节、肌肉损伤是幼儿较为常见的意外伤害类型。由于成人对幼儿安全教育的认识不足,再加上幼儿精力充沛,能力较弱,并且幼儿的骨骼肌肉系统尚未完全成熟,关节也还没有发育完善,因此容易在受到外力时出现骨折或者关节脱位的情况。幼儿缺钙也会增加骨折的风险。幼儿在骨折或者关节变形后,如果延误了诊断和治疗,还会引起畸形愈合和残疾。在幼儿发生骨、关节、肌肉损伤的场所中,家和幼儿园是比较高发的地方,因此,保教人员和家长有必要掌握幼儿骨、关节、肌肉损伤的应急处理方法,降低其对幼儿的伤害。

学习情境

自由活动时,乐乐向王老师报告强强和曼曼在打架。因为这两个小朋友发生冲突的地点在游乐设施后面,王老师没有注意到。曼曼在轻轻抽泣,说她手臂有点疼。王老师仔细查看了下,没有伤口,抬手也没有问题,王老师就没在意,教育了两位小朋友就让他们玩去了。到了晚上,王老师接到园长的电话,说曼曼小朋友关节脱位了,家长已经将小朋友送去医院治疗。家长还指出,幼儿园方面存在的严重失职,没有及时报告给家长,老师也没有相对的专业能力,对事件处理不当。

学习目标

知识目标

1. 了解幼儿骨、关节、肌肉损伤的类型及体征。
2. 掌握幼儿骨、关节、肌肉损伤的处理步骤和措施。
3. 知道骨、关节、肌肉损伤对幼儿产生的危害。

能力目标

1. 能识别幼儿骨、关节、肌肉损伤的体征。
2. 能分析幼儿骨、关节、肌肉损伤产生的原因。
3. 能初步评估幼儿骨、关节、肌肉损伤程度,实施应急处理。
4. 能通过探究学习的方式,结合岗位实际情况完成幼儿骨、关节、肌肉损伤应急处理步骤说明图。
5. 能够通过自主查阅资料解决问题,并能与小组成员合作分工,共同完成任务。

素养目标

1. 了解及时、规范的救助对幼儿骨、关节、肌肉损伤的重要意义。
2. 具备对幼儿骨、关节、肌肉损伤的应急处理能力和安全防护意识。

任务书

　　为了减少此类事故发生,保障幼儿安全,张园长迅速召集所有保教人员开会,强调要加强对幼儿骨、关节、肌肉损伤的安全防护工作,并要求每个班级保教人员针对骨、关节、肌肉损伤完成应急处理步骤说明图,以减少此类事件对幼儿造成的伤害,科学、规范地处理这一类型的安全事故。

> **要求**
>
> 1. 步骤说明图要符合幼儿园实际工作情况。
> 2. 步骤说明图要可操作性强,步骤清晰。
> 3. 步骤说明图可有效帮助保教人员和家长正确处理幼儿骨、关节、肌肉损伤事件,降低对幼儿的伤害。

工作计划

　　想一想,你打算采用什么方法,通过哪些途径,获取哪些方面的知识内容? 请你与小组成员协商并制订自己的计划,填入表 3-4-1,以便更好地完成步骤说明图。

表 3-4-1　工作计划表

我需要获取哪方面的知识内容	如何获取	完成时间

获取信息

☆ **引导问题 1** 你了解幼儿骨、关节、肌肉损伤吗？请查阅相关资料,将图 3-4-1 中的损伤与损伤类型连线,并根据图片说明幼儿骨、关节、肌肉损伤的症状。

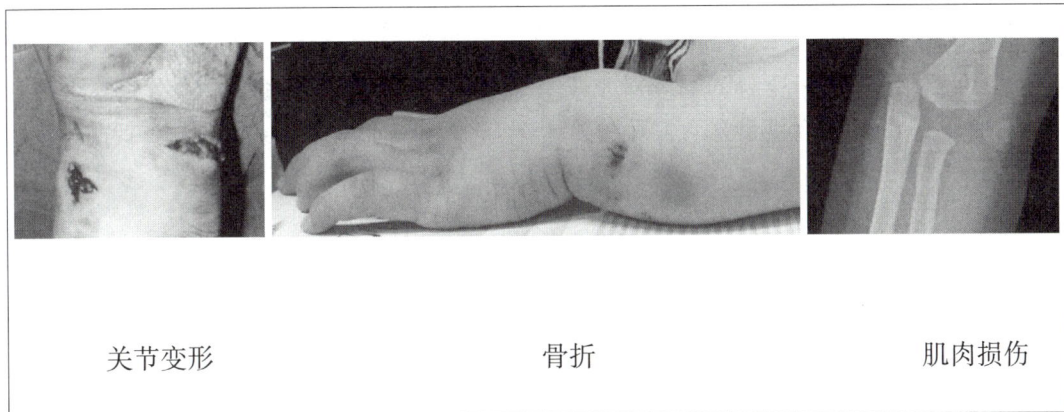

| 关节变形 | 骨折 | 肌肉损伤 |

图 3-4-1

☆ **引导问题 2** 你发生过骨、关节、肌肉损伤吗？如果有,请你回忆一下当时的经历及处理方式。如果没有,你看到过身边的人有类似的经历吗？他们是如何处理的？

请分享你(他人)的骨、关节或者肌肉损伤的经历和处理经过:

☆ **引导问题 3** 你知道幼儿发生骨、关节、肌肉损伤有哪些危害吗？请查阅相关资料并与小组成员交流。将讨论的结果记录在下面。

幼儿骨、关节、肌肉损伤的危害:

☆ **引导问题 4** 容易造成幼儿骨、关节、肌肉损伤的原因有哪些？请你分析以下案例发生的原因。

案例一 琪琪和睿睿在小区里玩滑板,由于两位小朋友都想先滑,他俩发生了争执,在滑板上打了起来。结果,睿睿不小心把琪琪推下去了,琪琪当场大哭了起来。

原因分析:

案例二 文文很喜欢和爸爸玩飞起来的游戏,就是爸爸抓住文文的两只手臂,将她往上举起来。有一次,玩到一半,文文就大哭了起来,说手痛。

原因分析:

案例三 刚下课,王老师正在和小朋友交谈,没注意到天天和明明在教室里面跑着打闹。由于跑得太快,天天没注意到前面的凳子,一下子就被凳子绊倒,腿还被地上的异物划伤了。

原因分析:

☆ **引导问题 5** 请回顾学习情境中的案例,想一想,作为未来的保教人员,你会如何正确处理骨、关节、肌肉损伤事件。请你用角色扮演的方式展示。

学习支持

一、骨、关节、肌肉损伤的概述

1. 骨、关节、肌肉损伤的定义

骨、关节、肌肉损伤是幼儿常见的意外伤害之一。身体主要由骨骼形成框架,通过关节相连,肌肉附在骨骼上使人体能够正常活动。由于幼儿的身体正处在发育阶段,加之在园活动量较大,在幼儿园发生骨折、关节脱位、肌肉损伤的概率较其他场所相对要高。

(1)骨折。是指由于外伤或者病理等原因导致骨的完整性和连续性中段,一般我们将骨折分为开放性骨折和闭合性骨折。开放性骨折是指骨折部位的皮肤或者黏膜破裂,折断的骨头断裂处有开放性伤口,骨折处与外界相通,容易导致出血过多引起休克,还有较高的感染风险,见图3-4-2;闭合性骨折指的是骨折伤口处的皮肤或者黏膜完整,骨折处不与外界相通但容易由于骨头发生错位导致内出血,见图3-4-3。

(2)关节脱位。是指关节在受伤时使骨头部分完全脱离原位,见图3-4-4。一般来说,1—4岁的幼儿容易在受到外力的拉扯时引发关节脱位,而青少年较多的则是在倒地时由于手掌或者手肘支撑地面引发关节脱位。

(3)肌肉损伤。一般幼儿发生骨折或者关节脱位的时候,骨骼周围的肌肉或者韧带也容易受到损伤。

图3-4-2　开放性骨折　　　　图3-4-3　闭合性骨折　　　　图3-4-4　关节脱位

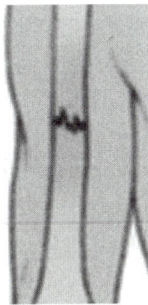

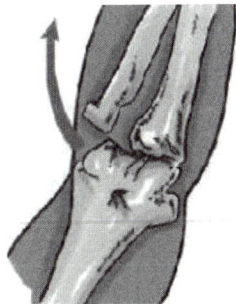

2. 骨、关节、肌肉损伤的危害

一般情况下,大部分幼儿的骨折、关节脱位和肌肉损伤的情况都可以恢复,但或多或少都会对幼儿的学习和生活造成一定影响,如果不加以重视还会影响其终生。

(1)骨折。幼儿发生骨折后可能会伤及周围的肌肉组织、神经系统或者血管,影响幼儿的骨骼生长,严重的还会留下残疾,甚至出现感染、关节僵硬、缺血性骨坏死等并发症。幼儿发生骨折后再次出现骨折的概率较高,并会对幼儿的学习和生活带来一定的影响。

(2)关节脱位。幼儿发生关节脱位后,关节囊、韧带、关节软骨和肌肉组织等都会有一定程度的损伤,如果没有及时复位,可能引发关节粘连,使一些关节功能丧失。幼儿还容易出现关节习惯性脱臼。

(3)肌肉损伤。一般的肌肉损伤通过理疗、贴膏药等方式可以恢复,如果是较为严重的肌肉断裂,则可能出现肌肉坏死或萎缩。

二、幼儿骨、关节、肌肉损伤的原因

可以从以下 3 个方面来分析造成幼儿骨、关节、肌肉损伤的原因,分别是幼儿方面、成人方面和环境方面。

1. 幼儿原因

幼儿天生好动并且精力充沛,经常在打闹、追逐中发生碰撞、跌倒、牵拉等意外情况,再加上幼儿的肌肉系统尚未发育完善,骨骼柔软,关节也没有发育牢固,因此,特别容易出现骨折或者关节错位、肌肉损伤等情况。

2. 成人原因

主要原因在于家长的不重视和对幼儿的安全教育不足。幼儿的自律性较差,在没有成人看护的情况下容易尝试一些危险的行为,比如爬高,在有危险因素的地方追逐打闹,从高处跳下来。家长和幼儿嬉戏时,一些牵拉游戏都可能造成幼儿骨、关节、肌肉损伤。

3. 环境原因

环境也是造成幼儿骨、关节、肌肉损伤的主要原因之一。如幼儿园教室空间过小,幼儿在有限的空间活动,容易发生碰撞和摔倒;幼儿经常活动的场所如厕所、运动场、教室等,如果地面不平整或者有积水,都有可能造成幼儿的意外伤害。

三、幼儿骨、关节、肌肉损伤的应急处理

第一步:快速地观察现场,确保现场环境安全,迅速了解幼儿受伤的原因。

第二步:让其他老师稳定现场秩序,根据情况联系家长或 120 急救中心,稳定幼儿的情绪。

第三步:幼儿能自主呼吸且意识正常,受到闭合性损伤,有肿胀,建议采用以下 4 步处理法。

① 让幼儿选择合适的位置休息,能移动就移动,如移动会引起幼儿疼痛则不强迫移动,见图 3 - 4 - 5。

② 用装有冰袋的毛巾冷敷,持续时间为 10—20 分钟,每隔 2—3 个小时冷敷一次,见图 3 - 4 - 6。

图 3 - 4 - 5

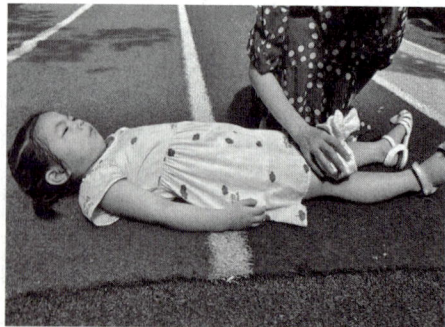
图 3 - 4 - 6

③ 每次冷敷后就用绷带缠绕受伤处加压,以免引起更严重的肿胀。特别注意,只有在对伤口冷敷时才能解除绷带,见图 3 - 4 - 7。

④ 将幼儿的伤处抬高至高于心脏的位置,减少血液聚集到伤处,减轻肿胀,但要避免二次伤害,见图3-4-8。

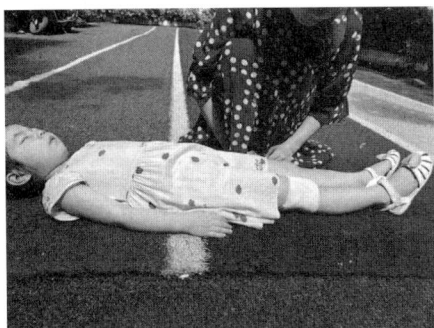

图3-4-7

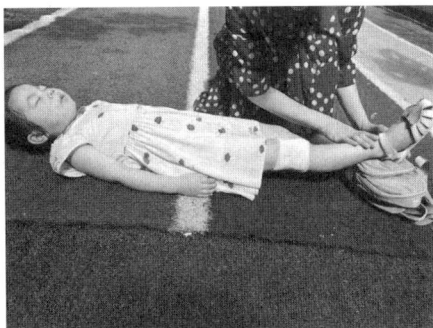

图3-4-8

幼儿能自主呼吸且意识正常,有开放性伤口,有血流出,建议采用以下4步处理法:

① 如果幼儿伤口有少量出血,处理者洗净双手,用无菌敷贴和绷带加压止血。如果出血量较大,则使用止血带在伤处的远端或近端加压止血,每30分钟松一次止血带,每次3—5分钟,以免肢体坏死,同时在受伤处加压止血,见图3-4-9。

② 控制出血量后,用无菌纱布覆盖住伤口,见图3-4-10。

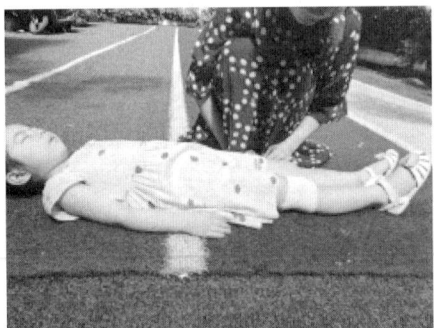

图3-4-9

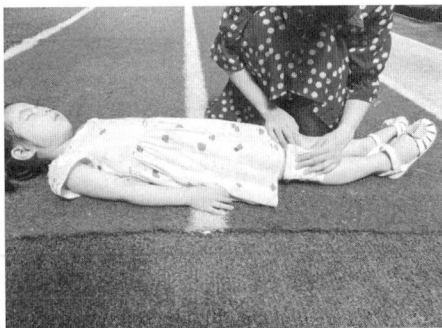

图3-4-10

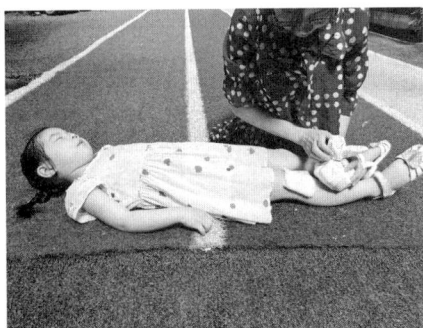

图3-4-11

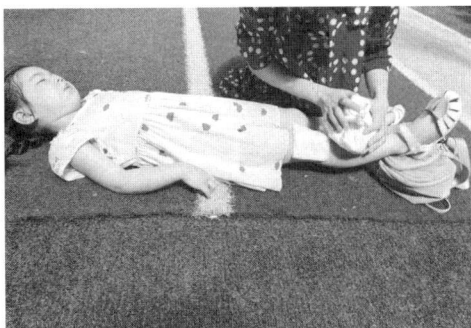

图3-4-12

③ 用装有冰袋的毛巾冷敷,持续时间为 10—20 分钟,见图 3 - 4 - 11。

④ 将幼儿受伤部位抬高,减轻幼儿的疼痛感和肿胀,但要避免二次伤害,见图 3 - 4 - 12。

如果怀疑幼儿受伤部位是颈部、脊柱或者颈背,则千万不能移动幼儿,等待专业人员前来救助。

第四步:事后及时了解幼儿的健康状况,和幼儿、家长详细沟通,做好记录归档工作。

任务实施

根据岗位实际情况,结合你获取的信息,小组合作,完成幼儿骨、关节、肌肉损伤的应急处理步骤说明图。

幼儿骨、关节、肌肉损伤处理步骤说明图

班级:＿＿＿＿＿＿＿

岗位:＿＿＿＿＿＿＿

小提示

1. 你可以以小组合作方式进行角色模拟并拍照制作步骤说明图,也可以在网络上搜集相关图片。当然,你也可以有自己的思路。

2. 你可以用文字对照片或图片进行描述说明,当然你也可以有自己的思路。

评价反馈

请扫描二维码,观看微课,结合微课内容对你的任务完成情况进行打分,请认真思考你的步骤说明图有哪些不足并做出完善和优化。

微课 3-4

表 3-4-2 评价表

评价指标	满分	评价等级			等级	分项得分
		优	良	一般		
步骤图清晰规范	20	18～20	15～17	12～14		
无知识性错误	20	18～20	15～17	12～14		
涵盖工作岗位的每一项工作内容	20	18～20	15～17	12～14		
能结合不同岗位特点,有具体的工作要求	20	18～20	15～17	12～14		
符合实际工作场景,可行性较好	20	18～20	15～17	12～14		

项目四　幼儿园重大事件的应急处理

　　《幼儿园工作规程》中明确指出，幼儿园应当严格执行国家和地方幼儿园安全管理的相关规定，建立健全安全防护和检查制度，建立安全责任制和应急预案。幼儿园教职工必须具有安全意识，掌握基本急救常识和防范、避险、逃生、自救的基本方法，幼儿园应当把安全教育融入一日生活，并定期组织开展多种形式的安全教育和事故预防演练。《中小学幼儿园安全管理办法》中也指出，学校安全管理工作主要包括健全学校安全预警机制，制订突发事件应急预案，完善事故预防措施，及时排除安全隐患，不断提高学校安全工作管理水平；加强安全宣传教育培训，提高师生安全意识和防护能力等。

　　幼儿园重大安全事件主要包括火灾、地震、踩踏事件等，尽管这些事件发生频率较低，但是对幼儿的伤害往往较严重，甚至是致命的。幼儿园保教人员要加强对幼儿进行重大安全事件的教育，组织幼儿进行重大安全事件应急处理演练，掌握重大事件的应急处理方法。在重大安全事件发生时可以沉着冷静、迅速、高效、有序地组织幼儿脱离险境，确保每一个幼儿在幼儿园里的人身安全。

学习目标

知识目标

1. 熟悉火灾、地震、踩踏事件的基础知识。
2. 认识幼儿园火灾、地震、踩踏事件的危害。
3. 掌握幼儿园火灾、地震、踩踏事件的应急处理步骤及措施。

能力目标

1. 能发现火灾、地震、踩踏事件的安全隐患，能识别地震发生的常见征兆。
2. 能运用幼儿园火灾、地震、踩踏事件的应急处理步骤及措施，对幼儿进行应急处理。
3. 熟练运用幼儿园各类重大事件逃生和自救的技能。
4. 能通过探究学习的方式，结合岗位实际情况初步完成幼儿园各类重大事件应急处理步骤说明图。
5. 能够通过自主查阅资料解决问题，并能与小组成员合作分工，共同完成任务。

素养目标

1. 树立预防幼儿园各类重大事件发生的安全意识。
2. 具备在幼儿园各类重大事件中安全疏散幼儿、应急处理的能力。

任务 1　火灾的应急处理

校园火灾对师生造成的伤害是巨大的,学校消防安全受到广泛关注。幼儿园消防安全更是受到全社会的高度重视。2001 年,某幼儿园因点蚊香引起火灾,造成 13 名幼儿死亡、1 名幼儿轻伤。2010 年,某幼儿园因用电热器取暖发生火灾,致使一名 2 岁幼儿烧死。2020 年,某幼儿园因厨师烧水引燃了油烟管道内的油污,引起幼儿园冒出滚滚浓烟。这一系列的火灾事故令人痛心不已。因此保教人员应关注幼儿生命安全,消除幼儿园火灾安全隐患。

学习情境

小班主班教师杨老师在幼儿午休时点燃了三盘蚊香,分别放置在床铺之间南北方向三条走道的地板上,然后离开幼儿寝室去办公室处理文件。十五分钟后,保育员吴老师在活动室听到寝室内"噼啪"响,随即进入幼儿寝室,发现有几床幼儿的棉被和枕头起火,赶紧跑到走廊呼救,此时,寝室内的烟火已经很大,随后赶来的幼儿园工作人员用脸盆盛水灭火,同时使用室内消火栓扑救。火灾造成 13 名幼儿轻伤,烧毁壁挂式空调、儿童睡床和床上用品若干。

学习目标

知识目标

1. 了解火灾事故的基础知识及其危害。
2. 知道在幼儿园火灾中逃生和自救的知识。
3. 掌握幼儿园火灾事故的应急处理步骤和措施。

能力目标

1. 能发现导致幼儿园火灾的安全隐患,分析幼儿园火灾发生的常见原因。
2. 能运用正确的幼儿园火灾应急处理步骤及措施对幼儿进行应急处理。
3. 能通过探究学习的方式,结合岗位实际情况初步完成幼儿园火灾事故应急处理步骤说明图。
4. 能通过自主查阅资料解决问题,并能与小组成员合作分工,共同完成任务。

素养目标

1. 重视预防幼儿园火灾事故,并树立预防火灾的安全意识。
2. 具备在幼儿园火灾中对幼儿进行安全疏散、应急处理的职业能力。

任务书

我们在感叹"水火无情"的时候也要力保火灾发生后的人身安全、财物安全。请你完成火灾应急处理步骤说明图,减少火灾为幼儿带来的伤害。

要求
1. 步骤说明图要符合本幼儿园实际工作情况。
2. 步骤说明图要可操作性强,简单易懂,步骤清晰,环节完整。
3. 步骤说明图可有效降低火灾事故的发生机率。

工作计划

想一想,你打算采用什么方法,通过哪些途径,获取哪些方面的知识内容?请你与小组成员协商并制订自己的计划,填入表 4-1-1,以便更好完成步骤说明图。

表 4-1-1   工作计划表

我需要获取哪方面的知识内容	如何获取	完成时间

获取信息

☆ **引导问题 1**　请你搜集近 3 年来幼儿园发生的火灾事故案例,充当安全播报员进行描述和讲解。

我搜集的幼儿园火灾事故案例:

☆ **引导问题 2**　仔细观察幼儿园生活区域环境,见图 4-1-1,找一找,哪些地方存在火灾安全隐患? 把它圈出来,并说明理由。

 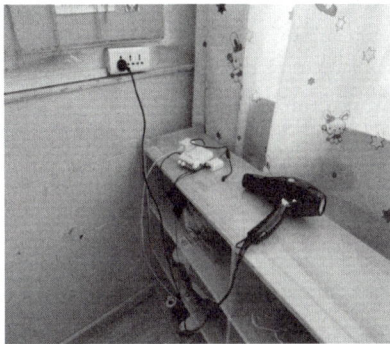

安全隐患:　　　　　　　　　　　安全隐患:
理由:　　　　　　　　　　　　　理由:

图 4-1-1

☆ **引导问题 3**　幼儿园发生火灾事故的原因有哪些? 请你阅读以下案例,分析造成幼儿园火灾事故的原因。

案例一　冬至要到了,行知幼儿园辛老师担心幼儿午休会受凉,细心地为幼儿寝室准备了烤火炉取暖。家长担心孩子感冒也从家里送来了棉被、棉服、毛毯等取暖设备。每次午休时保育员艾老师都会打开取暖炉,放在幼儿的床铺之间。幼儿身上盖着厚厚的棉被,房间很暖和,老师们也打起了盹……

原因分析:

案例二　未来幼儿园是新办园,幼儿园的操场和空地上都停满了保教人员的私家车,师生进出时都从车缝隙中侧身而过。幼儿园没有配置消防栓和灭火器,也没有给老师配置消防对讲机等。

原因分析:

案例三　江滨幼儿园因为地理位置靠江,园长认为该幼儿园近水自然防火,用她的话说是"自带消防设备",没有安排专人进行消防检查,也没有对用火、用电等作出明确的规定,该幼儿园从来不进行消防演练。

原因分析:

☆ **引导问题 4**　你有哪些好的建议来帮助幼儿园预防火灾事故的发生?请你以"给幼儿园的一封建议信"的形式写下你的预防建议。

给幼儿园的一封建议信:

☆ **引导问题 5**　查阅相关资料,小组讨论,如果发生了火灾事故,该如何应急处理?采取哪些措施?将你们讨论的结果记录在下面。

建议措施 1:

建议措施 2:

建议措施 3:

建议措施 4:

建议措施 5:

建议措施 6:

学习支持

一、幼儿园火灾事故概述

火和火灾是不同的概念,火灾是指在时间或空间上失去控制的燃烧。

在各种灾害中,火灾是最普遍、最经常发生的危害公共安全和社会发展的主要灾害之一。校园火灾是威胁校园安全的重要因素。幼儿园是幼儿高度密集的地方,火灾事故较容易发生在幼儿就寝、就餐、游戏等环境中。另外,幼儿年龄较小,即使发现起火了,由于自我控制能力很差,遇事容易惊慌失措,会导致场面混乱。在无组织无目的的逃生中,相互拥挤还可能会导致踩踏事件发生,加剧火灾事故的危害性。绝大多数火灾都是人为原因造成的,加强预防火灾事故的教育,可以有效避免幼儿园火灾,保护幼儿的生命安全,减少对幼儿造成不必要的伤害。

二、造成幼儿园火灾事故的原因

1. 保教人员缺乏时时刻刻预防火灾的安全意识

(1)保教人员未能仔细排查火灾隐患,把容易起火的物品和可能的起火源放在一起,导致燃烧现象。

(2)幼儿在睡眠或者自由活动时没有值班人员值班或值班人员擅自离开岗位,发生异常燃烧时未能及时发现,导致火势蔓延并失去控制。

(3)幼儿园没有认真对保教人员进行消防安全教育,或者流于形式,保教人员在面临火灾时不知道如何快速灭火和抢救生命。

(4)保教人员使用电器存在不安全行为,包括移动插座接触不良并与可燃物距离过近,电热器距可燃物较近,使用完的热水壶、电吹风、电熨斗等忘记关闭电器电源,因其温度过高引起火灾。

(5)个别保教人员缺乏职业道德和责任感,火灾发生后自己急于逃生,疏于触动警报,未能及时组织幼儿紧急疏散,致使惨剧发生。

2. 幼儿园的环境和设施设备原因导致火灾事故

(1)幼儿园环境创设不符合消防安全要求,部分幼儿园没有张贴常见的消防标识,也没有组织师生认识和学习这些标识。

(2)幼儿园没有购置充足的消防物资,没有在各个角落安装烟感器、消防警铃或消防警报,没有配置消防栓和灭火器,没有购置消防过滤式呼吸器、防火毯、安全头盔,没有给保教人员配置消防对讲机、高频口哨等。

(3)幼儿园购买和配置了消防物质,却在消防用品过期后没有及时更新,徒有形式,没有实际作用。

(4)幼儿园没有符合消防要求的安全通道,火灾发生后救援人员和消防车无法抵达火灾现场。

(5)幼儿园电路和插座等设置不科学,电线老化没有及时更换,电器质量不符合用电安全,或者将充电口等裸露在易短路位置。

3. 幼儿园消防安全管理体系不健全导致火灾事故

（1）幼儿园领导的消防安全意识淡薄，没有对员工进行扎实的消防安全教育；部分教师和保育员上岗前未经消防培训，缺乏相应的消防安全知识和灭火技能。

（2）幼儿园消防安全管理制度不健全，没有按照《中华人民共和国消防法》第十四条的规定制订灭火应急预案，没有确定消防安全责任人每天定时检查消防，也没有对用火、用电等作出明确的规定。

（3）消防安全宣传教育不到位，没有定期组织消防安全疏散演练及其他教育活动，发生火灾时不知道如何进行实地紧急处理。

4. 幼儿缺乏防火基本意识和认知

（1）从家中携带易燃物品入园。

（2）缺乏火灾危害、防火常识的认知。

（3）缺乏基本的用电常识。

三、预防幼儿园火灾事故的措施

1. 提升保教人员的消防意识

（1）幼儿园要加强保教人员的职业道德教育，加强消防安全培训，让每位员工都树立消防意识和热爱幼儿的责任感。

（2）保教人员更换幼儿活动环境前仔细排查火灾隐患，避免把容易起火的物品和可能的起火源放在一起。幼儿在睡眠或者自由活动时一定要安排教师值班，不允许教师擅自离开岗位，发生异常燃烧时马上拉响消防警报。

（3）认真落实对保教人员进行的消防安全教育，加强消防演练，反复操练，见图 4-1-2 和图 4-1-3。应加大宣传教育力度，让每位保教人员都能熟练掌握消防知识和消防技能，见图 4-1-4 和图 4-1-5。

图 4-1-2

图 4-1-3

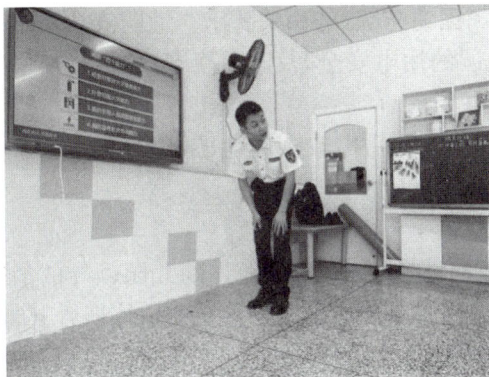

图 4-1-4

图 4-1-5

2. 完善幼儿园环境创设和消防设施设备

（1）幼儿园的环境创设要符合消防安全要求，张贴常见的消防标识，组织师生认识和学习这些标识。

（2）督促检查幼儿园购置充足的消防物资，安装消防警报，配置消防栓和灭火器等，给保教人员配置消防口哨、消防呼吸器等，见图 4-1-6—图 4-1-9。

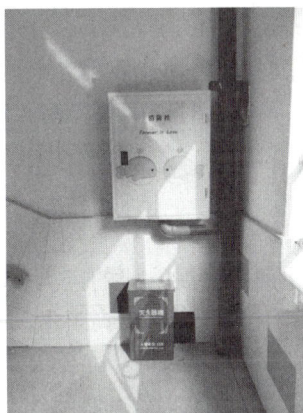

图 4-1-6　消防栓箱体

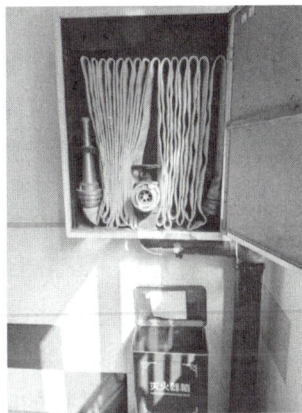

图 4-1-7　消防栓箱内

图 4-1-8　消防口哨

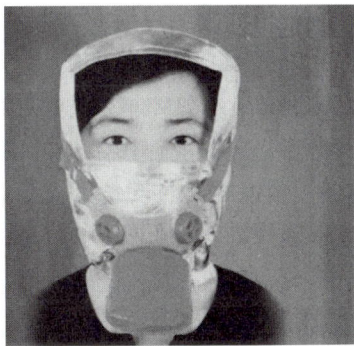

图 4-1-9　消防呼吸器

（3）幼儿园的环境创设要按照《中华人民共和国消防法》的相关要求。消防安全通道要符合标准，幼儿园电路和插座等设计要保证幼儿园的用电安全，及时更换老化电线，使用符合质量安全的电器。

（4）幼儿园的建筑物要安装可靠防雷保护设施。在雷电较多的地区，建筑物上如果没有设置可靠的防雷保护设施，便有可能发生雷击起火。

3. 全面落实幼儿园消防安全管理体系

（1）教育部门和消防部门加强对幼儿园园长的消防安全培训，增强幼儿园领导的消防安全意识。幼儿园要对每位员工进行消防安全教育，保证所有员工经消防安全培训后上岗。

（2）幼儿园建立健全消防安全管理制度。全面落实消防安全主体责任，严格执行消防法律法规；制订灭火应急预案，落实各项消防安全管理规定；消防安全责任人每天定时进行消防检查，还要认真排查责任区内消防安全隐患，主动上报并采取有效措施，做到提前发现问题和解决问题。

（3）积极开展消防安全宣传教育，定期组织消防安全疏散演练。消防安全演练必须实际、实用和实效。演练的主要地点是寝室、活动室和游戏场所。增加演练次数，重点针对明火火灾和电气火灾进行消防安全演练，在实践中不断提高消防安全管理水平。

4. 加强对幼儿的消防安全教育

（1）教育幼儿不要玩火，不要在教学区域内使用打火机、火柴等，不能让幼儿燃放烟花，教育幼儿不要在教学区域中焚烧物品。

（2）平时多开展安全教育，让幼儿了解火灾的危害，教会幼儿使用灭火器。

（3）教育幼儿在遇到火灾时保持镇静，在拨打火警电话时准确说出幼儿园的名称。

（4）教育幼儿基本的安全用电常识和逃生常识。

四、幼儿园发生火灾事故后的应急处理

火灾猛于虎，为有效降低幼儿园火灾事故对幼儿身心发展造成的巨大伤害，幼儿园务必事先制订好详细可行的火灾事故应急预案，并定期组织师生开展火灾疏散演练，促使保教人员熟悉火灾应急预案的流程，掌握火灾应急措施和紧急救援技能，避免人员伤亡和财产损失。火灾应急处理应该尽可能用最短的时间处理最紧迫的灾情，确保师幼生命安全。具体可以参考如下几个方面：

（1）触发火灾警报。当保教人员发现有起火现象时需要第一时间发出起火警报信号，园所值班领导听到警报器即刻启动火灾应急预案。同时，主班老师命令全体幼儿停止动作，保持安静并原地不动，等候老师的指令。

（2）初期灭火。如果火势较小，发现火源的老师应立即判断起火原因并采取相应灭火措施。如果是火源燃烧起火应使用附近的消防设备灭火。如果是电器短路引起起火，应立即关闭电源，再使用附近的消防设备灭火。如果火势较大，或者自行灭火无法遏止火势，应该立即拨打 119 寻求帮助，并提供基本信息，方便消防组织的救援工作，同时确保通讯联络的畅通。

（3）保教人员组织幼儿紧急疏散。发生火灾后，保教人员要组织幼儿有序撤离危险区域，将幼儿疏散到最近的安全地带。指导幼儿用湿毛巾捂住口鼻，并按照平时疏散演练的路线撤退。通过烟雾区时应提醒幼儿弯腰前行，如遇见大火则应要求幼儿卧倒用湿毛巾包住

头部匍匐通过。到达安全地点后保教人员要快速准确地清点人数,同时安抚幼儿情绪,组织幼儿进行较为安静的学习活动,确保幼儿的人身安全和情绪稳定。

（4）园所领导组织医务人员救助烧伤的幼儿。负责医疗救助的人员要尽快确认师幼的受伤情况。火灾事故的伤亡原因大多是肢体烧伤或者燃烧产生的有毒气体侵入体内导致中毒、呼吸终止等。幼儿园的保教人员要掌握必要的医疗救护知识,例如烧伤处理方式和人工呼吸等。及时进行医疗救护可以保障幼儿的健康和生命。伤情较为严重时要及时拨打120医疗抢救电话,并将受伤人员送到医院抢救,同时向医疗人员报告受伤原因,做好秩序维护等工作。

（5）园所领导安排保教人员联系家长。应及时与幼儿家长取得联系,如实说明情况,做好学生家长思想安抚工作,防止幼儿家长的过激行为。针对火灾事故设立家园联络处,专门解答家长提出的问题,为家长做好服务和解释工作。妥善处理相关问题,确保问题有效合理的解决。

（6）做好火灾的反馈与追踪。严重的火灾事故后,保教人员应详细记录事件整个过程,由园所领导负责与教育主管部门和相关媒体做好沟通,及时发布准确信息,如实向相关部门汇报。同时做好反思,总结火灾原因,吸取经验教训,加强消防安全教育,防患于未然。对受损物资设备进行维护修理,并做好受伤幼儿的康复治疗以及全体师生的心理疏导,帮助全园人员尽快恢复健康。

任务实施

　　根据岗位实际,结合你获取的信息,小组合作,完成幼儿园火灾事故的应急处理步骤说明图。

幼儿园火灾事故应急处理步骤说明图

　　班级:＿＿＿＿＿＿＿

　　岗位:＿＿＿＿＿＿＿

小提示

1. 你可以以小组合作方式进行角色模拟并拍照制作步骤说明图,也可以在网络上搜集相关图片,当然你也可以有自己的思路。

2. 你可以用文字对照片或图片进行描述说明,当然你也可以有自己的思路。

评价反馈

请扫描二维码,观看微课,结合微课内容对你的任务完成情况进行打分,请认真思考你的步骤说明图有哪些不足并做出完善和优化。

微课 4－1

表 4－1－2　评价表

评价指标	满分	评价等级			等级	分项得分
		优	良	一般		
步骤图清晰规范	20	18～20	15～17	12～14		
无知识性错误	20	18～20	15～17	12～14		
涵盖工作岗位的每一项工作内容	20	18～20	15～17	12～14		
能结合不同岗位特点,有具体的工作要求	20	18～20	15～17	12～14		
符合实际工作场景,可行性较好	20	18～20	15～17	12～14		

任务2　地震灾害的应急处理

地震是突发的自然灾害事件,一次破坏性地震在短时间内就可能造成严重的人员伤亡和经济损失。幼儿具有活泼好动,身体协调能力差,认知水平低等特点。在面对地震等突发灾害时,往往表现得不知所措。保教人员必须具备地震灾害的应急处理能力,以减少其对幼儿的伤害。

学习情境

爱婴幼儿园大班幼儿在刘老师的带领下有序进入寝室午休。刘老师组织全体幼儿午睡,孩子们很快进入了梦乡。虽然才是四月底,可是刘老师感觉天气特别热,热得很异常。刘老师发现鱼缸里的五条鱼居然从鱼缸里跳出来,掉在地上直翻滚。"五条鱼全部跳出鱼缸,这不正常。"刘老师想着,随手拿出手机,发现手机信号中断。这些现象都太异常了,刘老师当机立断把全体幼儿叫醒,全部疏散到操场。不一会儿,树木出现了大幅度摇动,房屋也开始晃动——发生了地震。小班的王老师刚刚入职,没有接受过预防地震的教育培训,不知道怎么办就自己先躲起来了。小班幼儿受到惊吓后又哭又闹,寝室里面一片混乱。所幸震级不高,除了有灯具和家具摔坏之外,没有造成人员伤亡。

学习目标

知识目标

1. 了解地震的基础知识及危害。
2. 知道在地震灾害中逃生和自救的知识。
3. 掌握幼儿园地震的应急处理步骤及措施。

能力目标

1. 能够识别地震发生的常见征兆。
2. 能运用幼儿园地震灾害应急处理步骤及措施对幼儿进行应急处理。
3. 能通过探究学习的方式,结合岗位实际情况初步完成幼儿园地震应急处理步骤说明图。
4. 能通过自主查阅资料解决问题,并能与小组成员合作分工,共同完成任务。

素养目标

1. 能够体会地震的危害,重视地震灾害预防,并树立预防地震灾害的安全意识。
2. 具备在地震灾害中对幼儿进行安全疏散、应急处理的职业能力。

任务书

地震的发生往往是突然的,留给人们调整的时间非常有限。请你进行小组协作,完成应急处理步骤说明图,降低人员的伤亡,保证财产的安全。

> **要求**
>
> 1. 步骤说明图要符合本幼儿园具体环境和实际工作情况。
> 2. 步骤说明图要可操作性强,简单易懂,步骤清晰,环节完整。
> 3. 步骤说明图可有效降低地震发生造成的伤害。

工作计划

想一想,你打算采用什么方法,通过哪些途径,获取哪些方面的知识内容?请你与小组成员协商并制订自己的计划,填入表 4 - 2 - 1,以便更好地完成步骤说明图。

表 4 - 2 - 1　工作计划表

我需要获取哪方面的知识内容	如何获取	完成时间

获取信息

☆ **引导问题 1**　你知道地震来临前会有哪些征兆吗?

地震征兆:

☆ **引导问题 2**　仔细观察幼儿园生活及学习活动区域环境,见图 4-2-1,找一找,哪些地方可以作为发生地震的避险场地? 把它圈出来,并说明理由。

避险场地:
理由:

避险场地:
理由:

避险场地:
理由:

避险场地:
理由:

图 4-2-1

☆ **引导问题 3**　请你对比以下两个案例,分析造成地震灾后不同程度伤亡的原因。

案例一　2020 年 8 月,某市发生了 6 级地震。行人站立不稳,家畜家禽纷纷外逃,室内外可移动器具翻落,小件物品不时坠落,简陋房屋棚舍损坏,塑料袋泡沫之类物品四处乱飞,部分地区出现了滑坡和泥石流。晨光幼儿园的房屋也受到了损坏,运动器材倾斜,电器和教学设备被损坏。部分电路和电线损坏发生短路,冒出火星并燃烧起来,幼儿园骤然停电,幼儿纷纷大喊尖叫,有些幼儿哭起来,还有些幼儿争先恐后往楼梯跑。有一个幼儿在楼梯拐角处摔倒了,后面涌来的幼儿踩在摔倒幼儿的身上,幼儿园一片混乱,造成 6 名幼儿死亡,16 名幼儿重伤,29 名幼儿轻伤。

案例二　汶川地震中,安县桑枣初级中学 2 300 余名师生在 1 分 36 秒内安全撤离,创下了教育奇迹。校长早在 1998 年就找正规建筑公司,加固了所有教学楼。因此,即使是 8 级大地震,教学楼的大理石墙砖没有一块掉下来。他从 2005 年开始,每学期在全校组织一次紧急疏散的演习和安全教育,每个班的疏散路线都是固定的。地震那天校长并不在,学生们按照学校平时的要求熟练地进行疏散。地震波一来,老师喊:"所有人趴在桌子下!"学生们立即趴下去。老师们把教室的前后门都打开了,怕地震扭曲了房门。震波一过,学生们立即冲出了教室。那天,连怀孕的老师都按照学校平时的要求行事。由于平时多次演习,地震发生后,全校师生从不同的教学楼和不同的教室中,全部冲到操场,以班级为组织站好,用时共计 1 分 36 秒,学生无一伤亡,老师无一伤亡。

原因分析:

☆ **引导问题 4**　你有哪些好的建议来帮助幼儿园降低地震带来的人身伤亡和财产损失,减少对幼儿造成的伤害? 请你以"给幼儿园的一封建议信"的形式写下你的预防建议。

给幼儿园的一封建议信:

☆ **引导问题 5**　查阅相关资料,小组讨论,如果发生了地震灾害,该如何应急处理? 采取哪些措施? 将你们讨论的结果记录在下面。

建议措施 1:

建议措施 2:

建议措施 3:

建议措施 4:

学习支持

一、地震灾害概述

1. 地震灾害的概念

地震灾害是指由地震引起的强烈地面振动及伴生的地面裂缝和变形,使各类建(构)筑物倒塌和损坏,设备和设施损坏,交通与通信中断,其他生命线工程设施被破坏,以及由此引起的火灾、爆炸、瘟疫、有毒物质泄漏、放射性污染、场地破坏等造成人畜伤亡和财产损失的灾害。地震灾害具有突发性和不可预测性,以及频度较高,并产生严重次生灾害,对社会也会产生很大影响等特点。

2. 地震灾害的相关知识

（1）震级

震级是表征地震强弱的量度,是划分震源放出的能量大小的等级。单位是里氏,通常用字母 M 表示。地震震级分为 9 级,一般小于 2.5 级的地震人无感觉,2.5 级以上人有感觉,5 级以上的地震会造成破坏,目前,世界上最大地震的震级为 9 级。

（2）地震前的征兆

地震来临前的征兆主要有 9 种,包括有水异常、生物异常、地鼓异常、气象异常、地气异常、地动异常、地光异常、地声异常、电磁异常。其中,水异常、生物异常、地声异常最为常见,表现为:

① 水异常。地下水质浑浊、起泡、味道变化。

② 生物异常。鸟禽类不进食,鸣叫声不断;犬类不听命令,出现乱跳、乱跑、乱咬人等现象。

③ 地声异常。来自地下的噪声,如炮响雷鸣、行驶重型车辆及大风吹的声音。

3. 幼儿园发生地震后可能产生的危害

（1）直接灾害

① 建筑物遭到破坏,包括瓷砖掉落、墙体开裂、天花板掉落、墙壁倾斜、楼梯断裂、房屋倒塌等。

② 大件物品损坏,包括电灯破裂或摇晃、风扇掉落、衣柜和书柜以及搁物架倒塌、大型运动器材倾斜或倒塌等。

③ 电器和教学仪器等损坏,包括冰箱、洗衣机、电脑、投影仪、钢琴、教具和玩具等。

④ 电路和电线损坏或短路,导致停电或起火。

（2）次生灾害

① 物品和电路损坏,引起幼儿惊慌和混乱,可能导致踩踏事件。

② 电路和电器损坏,引起短路,可能引发火灾。

③ 厨房设备包括天然气管道破损,可能引起燃气泄漏。

④ 环境遭破坏,可能引起瘟疫。

⑤ 给幼儿造成不同程度的心理创伤。

二、幼儿园预防地震灾害的措施

1. 提升保教人员预防地震灾害的意识和能力

（1）加强保教人员的地震灾害及预防教育，让每位员工都树立防震意识。

（2）加强地震应急演练，让每位保教人员都能熟练掌握地震发生后的应急处理方法。

2. 完善幼儿园的环境创设和逃生通道

（1）环境创设要符合防震安全需要，加固墙壁、墙砖和柱子，提升建筑物抗震系数。

（2）设置专门逃生应急通道，以便地震来临时所有人员可以用最短的时间疏散到安全地带。

（3）配备警报器，给保教人员配置对讲机、高频口哨，做好重大事件应急准备等。

3. 重视预防地震的安全教育

（1）定期对幼儿进行防震安全教育。一是组织专门的教育活动，采用游戏、角色扮演等方式，帮助幼儿掌握基本的求生技能，提高逃生能力。二是在一日生活中，灵活运用幼儿喜欢如故事、音乐、儿歌、动画片等形式，帮助幼儿进一步了解地震灾害，提高安全意识。

（2）定期组织全体师生定期演练紧急疏散。学习躲避地震灾害的简单方法，初步学会在地震灾害发生时的自我保护、求助以及逃生等简单技能。

（3）教会幼儿掌握自救技能。例如，发生地震后如果被埋在废墟下，要有强烈的求生愿望。首先设法将手脚挣脱出来，消除压在身上的物体，尽量用衣服捂住口鼻，防止直接吸入烟尘而导致窒息。观察四周情况，防止出现新的塌落，寻找新的较为安全的地方，设法寻找食物和水。如果环境许可，应该想办法逃离险境，如发觉受埋周围有较大空间通道，可以试着爬出去。无力脱离自救时，应尽量减少气力的消耗，静待外面有救援人员的时候再采取呼叫、敲击物件等方法引起救灾人员注意而被及时获救。

三、幼儿园地震灾害发生后的应急处理

很多地震的发生往往毫无征兆，它会突然来临，留给人们调整的时间非常有限。幼儿园务必事先订制详细可行的地震应急预案，促使保教人员熟悉地震应急预案的流程，掌握地震应急措施和紧急救援技能，减少和避免人员伤亡和财产损失。地震应急处理具体可以参考如下几个方面：

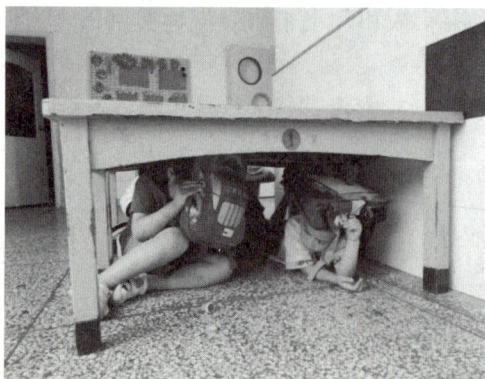

图 4-2-2

（1）及时触发地震警报。当保教人员发现有地震征兆时，应立即按响地震警报信号。园所值班领导听到警报信号即刻启动地震应急预案。同时，主班教师命令全体幼儿停止动作，保持安静并原地不动，等候老师的指令准备紧急避险。教育幼儿不能慌张、哭闹或随意乱跑，要听从老师的指挥，以免造成更大的伤害。

（2）组织紧急避险。①感受到摇晃或者听到地震警报信号后应保持冷静，按照平时教育幼儿地震中的逃生及自护的基本方法，根据幼儿所在位置组织幼儿就近避险。②幼儿可以躲

到结实的桌子下面,见图4-2-2,或者保持安全姿势躲在教室墙角,见图4-2-3。③保教人员要尽量按照平时地震演练的方法和位置躲避,不要临时指定位置引起慌乱,要让全体幼儿保持镇静。④如果在室外活动,要把幼儿集中到操场中间空旷场地或集中在树木周围,见图4-2-4;如果在室内,不要试图跑出楼外,因为时间来不及。最安全、最有效的办法是及时躲到两个承重墙之间最小的房间,如洗手间、厕所等。也可以躲在桌、柜等下面以及房间内侧的墙角,并且注意保护好头部,千万不要去窗下躲避。⑤如果幼儿正在睡觉要叫醒他们并有序组织幼儿躲在床底下或墙脚下。

图4-2-3

图4-2-4

(3)组织幼儿紧急疏散。主班教师组织幼儿按照既定的疏散演练路线有序撤离危险区域,将幼儿疏散到最近的安全地带。在疏散的过程中,保教人员要提醒幼儿用书包、毛毯、帽子等保护头部。到达安全地点后,保教人员要快速准确地清点人数,同时安抚幼儿情绪,组织幼儿进行较为安静的学习活动,确保幼儿的人身安全和情绪稳定。保教人员要保护好幼儿,时刻与幼儿在一起,教育幼儿并给幼儿心理上的安慰。

(4)常规医疗紧急救护。如果条件允许要将受伤较为严重的师生及时送往医疗机构抢救,如果条件不允许,如在通信中断、道路毁坏的情况下,可以采取必要的紧急医疗救治。同时做好秩序维护等工作。

(5)与幼儿家长取得联系,做好学生家长思想安抚工作。安抚家长情绪,要求家长尽快将幼儿接回家,认真做好交接工作,并做好登记。对于受伤的幼儿,要和家长衔接好救治的医院或紧急医疗救援的处理措施,为后续康复治疗提供可靠信息。园所应针对地震灾害设立家园联络处,为家长做好服务工作,妥善处理相关问题。

任务实施

根据岗位实际情况,结合你获取的信息,小组合作,完成幼儿园地震灾害的应急处理步骤说明图。

幼儿园地震灾害应急处理步骤说明图

班级:＿＿＿＿＿＿＿

岗位:＿＿＿＿＿＿＿

小提示

1. 你可以以小组合作方式进行角色模拟并拍照制作步骤说明图,也可以在网络上搜集相关图片,当然你也可以有自己的思路。

2. 你可以用文字对照片或图片进行描述说明,当然你也可以有自己的思路。

评价反馈

请扫描二维码,观看微课,结合微课内容对你的任务完成情况进行打分,请认真思考你的步骤说明图有哪些不足并做出完善和优化。

微课 4-2

表 4-2-2　评价表

评价指标	满分	评价等级			等级	分项得分
		优	良	一般		
步骤图清晰规范	20	18～20	15～17	12～14		
无知识性错误	20	18～20	15～17	12～14		
涵盖工作岗位的每一项工作内容	20	18～20	15～17	12～14		
能结合不同岗位特点,有具体的工作要求	20	18～20	15～17	12～14		
符合实际工作场景,可行性较好	20	18～20	15～17	12～14		

任务 3　踩踏事件的应急处理

踩踏事件发生的诱因主要是事发瞬间在人群中存在着过度拥挤行为,互相推搡和相互碰撞引起个别人跌倒,后面不知情的人继续前行拥挤,造成跌倒人员被踩踏、踩伤或踩死,严重的踩踏事件还会导致群死群伤。

幼儿园是幼儿密集的场所,幼儿身体和心智发育都不成熟,缺乏应对群体危险行为的能力。如果发生踩踏事件,很容易对幼儿造成致命的伤害。因此,预防幼儿园踩踏事件的发生,掌握踩踏事件的应急处理方法具有现实意义。

学习情境

某幼儿园组织了全园的集会活动,要求所有班级在下午 3 点到达操场。大班幼儿活动室在幼儿园的最高楼层三楼,李老师组织全体大班幼儿带着小椅子排队下楼前往操场。小班幼儿活动室在一楼,中班幼儿活动室在二楼。因为突然下雨,操场上的老师组织先到达的小班和中班幼儿又返回教室,在二楼和三楼的拐角处,上行的中班幼儿和下行的大班带椅子的幼儿发生了碰撞,中班的幼儿桐桐摔倒了。旁边的幼儿纷纷惊叫起来:"倒了! 倒了!"幼儿们都很好奇,都想看看是谁摔倒了,中班的幼儿使劲往上挤,大班的幼儿使劲往下挤,拥挤中又有几个幼儿摔倒了。由于下行的大班幼儿力气更大,推倒了上行的中班幼儿,倒在地上的幼儿不断哭叫,后面受了惊吓的幼儿又踩在被推倒幼儿的身上,导致 5 名幼儿的面部、手肘和头部被踩伤⋯⋯

学习目标

知识目标

1. 了解幼儿园踩踏事件的概念及预防幼儿园踩踏事件的必要性。
2. 知道在幼儿园踩踏事件中逃生和自救的知识。
3. 掌握幼儿园踩踏事件发生的应急处理步骤及措施。

能力目标

1. 能发现导致幼儿园踩踏事件的安全隐患,分析踩踏事件发生的常见原因。
2. 能通过探究学习的方式,根据岗位实际情况初步完成幼儿园踩踏事件应急处理步骤说明图。
3. 能运用幼儿园踩踏事件应急处理步骤及措施解决现实问题。

4. 能通过自主查阅资料解决问题,与小组合作分工,共同完成任务。

素养目标

1. 重视预防幼儿园踩踏事件,并树立预防踩踏事件的安全意识。
2. 具备在幼儿园踩踏事件中对幼儿进行安全疏散、应急处理的职业能力。

任务书

踩踏事件一旦发生,后果不堪设想,请你结合岗位要求完成幼儿园踩踏事件应急处理步骤说明图。

要求

1. 步骤说明图要符合本幼儿园实际工作情况。
2. 步骤说明图要具有可操作性,简单易懂,步骤清晰,环节完整。
3. 步骤说明图可有效降低或杜绝踩踏事件对幼儿的伤害。

工作计划

想一想,你打算采用什么方法,通过哪些途径,获取哪些方面的知识内容?请你与小组成员协商并制订自己的计划,填入表4-3-1,以便更好地完成步骤说明图。

表4-3-1 工作计划表

我需要获取哪方面的知识内容	如何获取	完成时间

获取信息

☆ **引导问题 1**　你听说过踩踏事件吗？请你搜集近 3 年来全国发生的校园踩踏事件，充当安全播报员进行描述和讲解。

我搜集的校园踩踏事件案例：

☆ **引导问题 2**　你认为幼儿园会发生踩踏事件吗？你的观点是什么？请你与同学围绕"幼儿园是否有必要预防踩踏事件"这一辩题，展开辩论，将双方的论点论据记录在表 4-3-2 中。

表 4-3-2　信息获取表

幼儿园是否有必要预防踩踏事件？		
正方论点、论据	反方论点、论据	其他看法

☆ **引导问题 3**　仔细观察幼儿园公共区域环境，见图 4-3-1，找一找，哪些地方存在幼儿踩踏事件安全隐患？把它圈出来，并说明理由。

安全隐患：
理由：

安全隐患：
理由：

图 4-3-1

☆ **引导问题 4** 幼儿园踩踏事件发生的原因有哪些？请你阅读以下案例,分析造成幼儿园踩踏事件发生的原因。

案例一 薪火幼儿园中班幼儿东冬在听家长讲述地震后充满了好奇。全班幼儿进行过渡活动时,保育员白老师去清洁盥洗室,主班教师穆老师在用手机处理工作文件。东冬突然想恶作剧吓唬一下大家,就在教室里大喊:"地震了,地震了,不好了!"穆老师听到东冬在大喊大叫,想着他在开玩笑就没理会他,继续处理自己的工作文件。东冬从教室跑到楼道更加夸张地大喊:"地震了,地震了!"一部分幼儿开始往楼梯处聚拢,东冬带头边跑边喊:"快逃生了,救命啊!"更多的幼儿围拢过来,跟着往楼下跑。大家推推搡搡,慌不择路,有几个幼儿摔倒了,越来越多的幼儿跑过来往楼下使劲拥挤,更多的幼儿扑倒了……

原因分析:

案例二 海王星幼儿园历史悠久,由老旧楼房改造而成,楼梯狭窄。两个人会面时只能侧身而过。最近园里在举行市级教研活动,每层楼的东边楼梯专门留给老师使用,规定幼儿只能使用西边楼梯。

原因分析:

案例三 青青幼儿园小班的潇潇喜欢玩"逆流而上/下"的游戏。其他小朋友上楼时他会下楼,其他小朋友下楼时他就上楼,乐此不疲。

原因分析:

☆ **引导问题 5** 你有哪些好的建议来帮助幼儿园预防踩踏事件的发生？请你以"给幼儿园的一封建议信"的形式写下你的预防建议。

给幼儿园的一封建议信:

☆ **引导问题 6** 查阅相关资料,小组讨论,如果发生了幼儿园踩踏事件,该如何应急处理？采取哪些措施？将你们讨论的结果记录下来。

建议措施 1:

建议措施 2:

建议措施 3:

学习支持

一、幼儿园踩踏事件概述

1. 幼儿园踩踏事件的含义

踩踏事件是指在相对狭小的空间内短时间聚集了大量人员,在第三方因素的影响下,造成人员无序移动,在移动过程中有人员受伤或死亡的事件。踩踏事件的发生需要三个基本条件:相对狭小的空间、短时间内聚集了大量的人员、第三方因素。

幼儿园内相对狭小的空间包括楼道、楼梯、厕所、餐厅、活动教室等;集会、统一活动等则会造成幼儿在短时间内聚集;第三方因素包括入园、离园、火灾、地震等导致幼儿移动的因素。

2. 幼儿园预防踩踏事件的必要性

虽然校园踩踏事件多发生在中小学,但幼儿园是幼儿密集的场所,在各种大型活动中同样面临着发生踩踏事件的危险。加之幼儿年龄尚小,自我控制和自我保护能力差,遇事容易慌乱,很容易导致场面失控。例如,前面有幼儿摔倒,后面幼儿未留意,没有止步而发生踩伤;幼儿在受到惊吓、产生恐慌时,在无组织无目的的逃生中,相互拥挤更容易造成踩踏;幼儿因过于激动、兴奋、愤怒等而出现骚乱,也容易造成踩踏。

保护幼儿的生命和健康是幼儿园的责任。幼儿园重视预防踩踏事件,采取必要措施和教育手段,改善园舍环境和办园条件,做好逃生技能教育,落实预防踩踏事件应急处理演练,减少或杜绝校园踩踏事件,可以有效避免幼儿受到伤害。

二、造成幼儿园踩踏事件的原因

1. 保教人员组织环节不当导致

(1)幼儿在集中上下楼梯时,没有保教人员组织和维持秩序。

(2)幼儿自由活动时没有保教人员值班,发生纠纷时无人疏导。有些幼儿园师生比例失调,保教人员无法监管到每位幼儿,在幼儿自由活动时,没有安排专门的保教人员值班,或者缺乏对值班保教人员的有效管理,导致发生踩踏事件时没有迅速采取紧急处理。

(3)个别幼儿搞恶作剧,在混乱情况下狂呼乱叫,推搡拥挤,保教人员没有及时制止,致使惨剧发生。

(4)幼儿园没有对师生进行事故防范教育和训练,无应急措施。

2. 幼儿园环境、设备原因

(1)幼儿园的通道狭窄或楼梯拐角处狭窄,不能满足幼儿集中上下楼的需要。

(2)建筑不符合标准,一层楼只有一个楼梯,不容易疏散。

(3)照明不足,楼道灯光昏暗或是没有及时更换损坏的照明设备等,容易造成恐慌和拥挤。

(4)幼儿园的办园规模和幼儿的人均活动空间比例失调。公共活动空间过于狭小,幼儿密度过大。

3. 幼儿自身原因

(1)逆行。在狭窄的楼梯上,一部分幼儿上行,另一部分幼儿下行,当通行幼儿数量较

图 4-3-2

多、上、下行幼儿互相干扰、阻碍时，很容易导致幼儿互相推挤，进而引发踩踏事件，见图 4-3-2。

（2）不慎摔倒。幼儿行走时注意力不集中，在下台阶时不慎踩空而摔倒，或者由于雨雪天楼梯湿滑，行走时不慎滑倒，紧随其后的幼儿相继被绊倒，发生踩踏事件。

（3）行进中弯腰系鞋带、捡东西。幼儿在下楼梯的过程中，鞋带突然松了，或者东西掉到地上了，很多幼儿的第一反应是停下来解决问题。后面的幼儿反应不及时，很可能踩踏过去或被绊倒，引发事件。

（4）通行速度过快。幼儿急于回教室或到达操场，因部分幼儿通行速度快于人群的整体速度而导致推挤，发生踩踏事件。

（5）楼梯中发生异常情况。如有人摔倒、哭泣、打架等，部分幼儿因好奇心驱使，不但未止步，反而纷纷凑上前去，导致人群拥挤，引发踩踏事件。

三、预防踩踏事件发生的措施

1. 提升保教人员组织集体活动的能力

（1）在组织集体活动前，对活动参与人数和活动场所做出正确预估，要确定活动持续时间及地点，防止因时间不足或选址不正确造成拥挤踩踏事件。

（2）在活动策划阶段，合理规划活动现场的布置和疏散路线，使得幼儿可以在整个活动过程中有规律地行进，避免产生异向群集现象；对活动相关管理人员及全体保教人员进行安全知识技能培训，提高保教人员的安全意识和技能，保证活动的安全性。

（3）制订应急疏散预案，一旦发生踩踏，立即按照预案有序疏导救援。

（4）活动进行时，实时监测幼儿流向，在易拥堵区域及时分流人群。当现场人群密度达到规定状态时，阻止后续人群进入活动区域，同时对出入口、楼梯等易拥挤的地方加强分流引导，避免人群滞留，见图 4-3-3。

（5）建立简单有效的现场信息传递渠道，如设立广播、对讲器及扩声器等。如果跌倒人员四周的人群能够用扩声器向后方告知前方情况，则可避免因后面不知情者继续前行造成更严重的踩踏。

图 4-3-3

2. 改善幼儿园的设施设备

（1）幼儿园的通道和楼梯设置要宽敞、顺畅，充分满足幼儿集中上下楼的需要。

（2）建筑要符合幼儿园环境设置标准，同层楼要设置多个楼梯，便于疏散。

（3）幼儿园的楼梯、通道等的照明要明亮、无死角，照明设备要定期检查、更换。幼儿园要准备发电机,避免照明设备损坏或者停电引起的光线黑暗而导致幼儿恐慌。

（4）办园规模和人均活动空间要协调。活动空间大小和幼儿数量比例要符合各省市制订的幼儿园标准中对幼儿园办园条件的要求,控制招生规模,保证幼儿有充足的空间。

3. 对幼儿加强防踩踏安全教育,避免发生危险

（1）引导幼儿知道当处于空间局限的场所时,要始终保持头脑清醒,发觉拥挤的人群向着自己行走的方向涌来时,应马上避到一旁,切记不要奔跑,以免摔倒。

（2）引导幼儿知道在楼梯间排队行进中,不要弯腰捡拾物品、系鞋带等,以防绊倒后面的同伴而发生踩踏惨剧。应等队伍过后再捡拾物品。系鞋带要退让到队伍外面。幼儿一旦遇到突发情况,一定要在组织者的疏导下有序撤离。

（3）帮助幼儿养成良好的行走习惯,上下楼梯时应靠右行进,不求快,要求稳。不在楼梯上打闹,搞恶作剧。顺着人流走,切不可逆着人流前进,否则很容易被人流推倒,见图4-3-4。

（4）引导幼儿知道发现自己前面的幼儿突然摔倒,要立即停下脚步,同时大声向老师求助,尽力避免摔倒的幼儿被踩踏受到伤害。

（5）引导幼儿知道如果身不由己被人群拥着前行,要用一只手紧握另一个手腕,双肘撑开,平放于胸前,微微向前弯腰,形成一定的空间,保证呼吸顺畅,以免拥挤时造成窒息晕倒。同时护好双脚,以免脚趾被踩伤,见图4-3-5。

图4-3-4　　　　　　　　　　　图4-3-5

（6）混乱前进中,也可以迅速抓牢附近的坚固物品,例如楼梯扶手等,以保持身体平稳不摔倒,然后迅速而镇定地撤离现场。

四、幼儿园踩踏事件的应急处理

（1）保教人员及时向幼儿发出警报。发现人群拥挤或者恐慌,出现踩踏征兆时,立即向前进的幼儿发出停止信号,吹响警哨命令全体幼儿停止动作,保持安静并原地不动。同时命令后面的幼儿冷静而有序地后退。

（2）保教人员阻挡队伍,设置前进障碍。位于人群中间的保教人员让身体保持在队伍中的固定位置上,站稳脚跟并伸开双手阻挡后面被挤倒前倾或个别继续前进的幼儿。

（3）保教人员及时报告园所领导。保教人员发现有踩踏征兆并稳定好前进队伍的同时，打电话或用对讲机向幼儿园行政值周领导报告情况，由幼儿园领导小组启动园所安全应急预案。

（4）园所领导及时实施救援。园所领导根据实际情况采取进一步应急处理。一旦发生较为严重的幼儿园踩踏事件，由园所领导负责救援指挥，按照应急预案，各就各位，立即组织救援行动。

（5）外围保教人员组织幼儿紧急疏散。发生人群拥挤状况后，主班教师在队伍中间阻挡前进幼儿，组织队伍中的全体幼儿静止不动。救援的外围保教人员迅速赶来组织幼儿有序撤离危险区域，将幼儿疏散到最近的安全位置，并快速准确地清点人数。同时，安抚幼儿情绪，组织幼儿进入正常学习活动状态。

（6）园所领导组织医务人员对踩伤幼儿进行医疗救助。踩踏事件时，死亡发生人员死因大多是因呼吸道挤压，造成机械性窒息，或者因为踩踏而导致软组织或者骨骼损伤。这就要求幼儿园的应急队伍掌握必要的医疗救护知识。例如人工呼吸、骨折救护等。及时实施初步医疗救护可以挽救幼儿性命。幼儿受伤较为严重时，园所领导应立即向附近医疗机构发出医疗求援，并拨打120医疗抢救电话。要及时将受伤人员送到医院抢救，主动向医疗人员报告发病情况，做好秩序维护等工作。

（7）园所领导安排保教人员联系家长。发生较严重拥挤踩踏事故，应及时与幼儿家长取得联系，如实说明情况，做好学生家长思想安抚工作，防止过激行为发生。设立家校联络处，及时解答家长提出的问题，力所能及地为家长做好服务工作。妥善处理相关问题，确保问题的解决。

（8）做好踩踏事件的反馈与追踪。发生较为严重的踩踏事件后，保教人员应详细记录事件过程，并及时上报园领导，对于踩踏事件不向外界做个性化的描述，由园所领导负责与教育主管部门和相关媒体做好沟通，一旦发生事故要及时发布准确信息，并如实向上级部门汇报，不瞒报、谎报。对一些谣传也要及时澄清，避免误解。得到社会的理解和支持对事故处理有很大的帮助。

（9）对全体幼儿进行心理援助。事故发生后，幼儿的精神创伤较身体创伤更加隐蔽，部分幼儿会感到害怕、无助、悲痛，甚至内疚自责，如不进行心理干预则会对他们的心灵造成创伤，严重的可能会导致抑郁等。有效的心理干预可以让幼儿快速走出阴影，恢复正常的学习和生活。

任务实施

根据岗位实际情况,结合你获取的信息,小组合作,完成幼儿园踩踏事件的应急处理步骤说明图。

幼儿园踩踏事件应急处理步骤说明图

班级:_____

岗位:_____

小提示

1. 你可以以小组合作方式进行角色模拟并拍照制作步骤说明图,也可以在网络上搜集相关图片,当然你也可以有自己的思路。

2. 你可以用文字对照片或图片进行描述说明,当然你也可以有自己的思路。

评价反馈

请扫描二维码,观看微课,结合微课内容对你的任务完成情况进行打分,请认真思考你的步骤说明图有哪些不足并做出完善和优化。

微课 4-3

表 4-3-3　评价表

评价指标	满分	评价等级			等级	分项得分
		优	良	一般		
步骤图清晰规范	20	18～20	15～17	12～14		
无知识性错误	20	18～20	15～17	12～14		
涵盖工作岗位的每一项工作内容	20	18～20	15～17	12～14		
能结合不同岗位特点,有具体的工作要求	20	18～20	15～17	12～14		
符合实际工作场景,可行性较好	20	18～20	15～17	12～14		

参考文献

［1］深圳市投资控股有限公司幼教管理中心.幼儿园一日生活实施指引［M］.北京：北京师范大学出版社,2015.

［2］深圳市投资控股有限公司幼教管理中心.幼儿园一日生活组织与实施［M］.北京：北京师范大学出版社,2016.

［3］夏艺珊.幼儿园一日生活组织与指导［M］.北京：中国轻工业出版社,2017.

［4］杨明.学前儿童急症救助与突发事件应对［M］.上海：华东师范大学出版社,2020.

［5］王声湧.伤害流行病学［M］.北京：人民卫生出版社,2003.

［6］教育部基础教育司组织编写.《幼儿园教育指导纲要(试行)》解读［M］.南京：江苏教育出版社,2002.

［7］伍香平,彭丽华.幼儿园保育员工作指南［M］.北京：中国轻工业出版社,2014.

［8］北京师范大学实验幼儿园.保育员工作指南［M］.北京：北京师范大学出版社,2012.

［9］张建岁,李娟.幼儿园安全工作指南［M］.长春：东北师范大学出版社,2014.

［10］陈鹤琴.陈鹤琴文集［M］.南京：江苏教育出版社,2007.

［11］雷思明.幼儿园安全策略50条［M］.上海：华东师范大学出版社,2013.

［12］白鹭.幼儿园安全教育问题与对策研究［D］.西南大学,2009.

［13］韩利坤.儿童烧伤1036例特点分析［J］.中国病案,2014(3).

［14］尹燕艳.幼儿意外伤害事故的预防与处理［J］.早期教育,2006(9).

［15］陈琴.农村幼儿意外伤害现状与对策研究［D］.湖南师范大学,2007.

［16］朱芹,何贵蓉.儿童意外伤害的特点及预防［J］.护理研究,2006(20).

［17］邱云.幼儿园伤害事故的类型及对策［J］.教育评论,2003(5).

［18］顾甜.大班幼儿午睡环节存在的问题和指导策略［J］.小学时代,2021(6).

［19］陈馨.一日生活皆课程——浅谈幼儿午睡管理要点［J］.教育界,2021(2).

［20］戴慧群.幼儿园幼儿带药和服药的现状调查分析研究［J］.职教幼教,2020(7).

［21］胡文娟.幼儿园一日生活中幼儿饮水习惯养成及策略的实践研究［J］.下一代,2019.

［22］梁艳珍.幼儿园幼儿午睡环境的现状［J］.学园,2015(12).

［23］吴彩萍.培养中班幼儿的饮水习惯［J］.基础教育,2011(1).

［24］张加蓉.幼儿园户外活动新视点［J］.学前教育研究,1996(06).

〔25〕陈月文,胡碧颖,李克建. 幼儿园户外活动质量与儿童动作发展的关系[J]. 学前教育研究,2013(04).

〔26〕寇丽平. 群体性挤踏事件原因分析与预防研究[J]. 中国人民公安大学学报(社会科学版),2005(8).

〔27〕杨洋. 校园针对地震灾害的防灾避难功能适宜性设计研究 [D]. 西南交通大学,2010.

〔28〕全国消防标准化技术委员会基础标准分技术委员会. 消防词汇第 1 部分:通用术语[S]. 北京:中国标准出版社,2014.

〔29〕全国消防标准化技术委员会基础标准分技术委员会. 消防词汇第 2 部分:通用术语[S]. 北京:中国标准出版社,2015.

〔30〕幼儿园工作规程[S]. 中华人民共和国教育部,2016.

〔31〕重庆市幼儿园一日生活细则(试行)[S]. 重庆市教育委员会,2017.

图书在版编目(CIP)数据

幼儿园安全防护与应急处理/孙婧婧,李兴灿主编.—上海:复旦大学出版社,2023.1(2023.8重印)
ISBN 978-7-309-15991-2

Ⅰ.①幼… Ⅱ.①孙…②李… Ⅲ.①幼儿园-安全管理 Ⅳ.①G617

中国版本图书馆 CIP 数据核字(2021)第 214245 号

幼儿园安全防护与应急处理
孙婧婧 李兴灿 主编
责任编辑/谢少卿

复旦大学出版社有限公司出版发行
上海市国权路 579 号 邮编:200433
网址:fupnet@ fudanpress.com http://www.fudanpress.com
门市零售:86-21-65102580 团体订购:86-21-65104505
出版部电话:86-21-65642845
上海四维数字图文有限公司

开本 787×1092 1/16 印张 14.5 字数 352 千
2023 年 8 月第 1 版第 2 次印刷
印数 4 101—6 200

ISBN 978-7-309-15991-2/G·2319
定价:52.00 元